Ρένα της Φτελιάς

Συνταγές που αγαπήσαμε!

ΕΙΡΗΝΗ ΤΟΓΙΑ

Copyright by Eirini Togia - All rights reserved - 2014

Έγραψε και μαγείρεψε
Ειρήνη Τόγια

Φωτογράφισε
Βαγγέλης Πατεράκης

Επιμέλεια και food styling
Κωνσταντίνος Τόγιας

Γευσιγνώστριες
Μπέσσυ και Τζίνα Τόγια

Copyright

Τίτλος: Ρένα της Φτελιάς
Υπότιτλος: Συνταγές που αγαπήσαμε!
Συγγραφέας: © Ειρήνη Τόγια, 2014
Φωτογραφίες: © Βαγγέλης Πατεράκης
Photo stock agency: Dreamstime.com
Ελληνική - ηλεκτρονική έκδοση
ISBN-EPUB: 978-1-910370-09-4
ISBN-MOBI: 978-1-910370-10-0
ISBN-PDF: 978-1-910370-11-7

Ελληνική έντυπη έκδοση
ISBN: 978-1-910370-08-7
(Paperback, Stergiou Limited)
ISBN: 978-1-910370-29-2
(Hardcover, Stergiou Limited)
ISBN: 978-1500206314
(Paperback, CreateSpace)

Έκδοση: Stergiou Limited
Διάθεση: Παγκόσμια, αποκλειστική

STERGIOU LIMITED
Publications & Media Services
Suite A, 6 Honduras Street, London
EC1Y 0TH, United Kingdom
Tel.: +44 (0) 20 7504 1325
Fax: +44 (0) 20 76920609
Email: publications@stergioultd.com
Web: http://stergioultd.com

*Στην οικογένειά μου
και τους ανθρώπους
που αγαπώ!*

ΕΥΧΑΡΙΣΤΙΕΣ

Ευχαριστώ θερμά τα **καταστήματα Σαρρής** και ιδιαίτερα τον κ. **Μανώλη Πάγκαλο** για την προσφορά των σερβίτσιων που χρησιμοποιήθηκαν στη φωτογράφηση.

Περιεχόμενα

Πρόλογος 7

Τα γεμιστά των παιδικών μου χρόνων! 8

Σαλάτα με μαυρομάτικα φασόλια, μυρωδικά
και ελιές 10

Τραγανοί ντοματοκεφτέδες
με μπόλικο δυόσμο 12

Αρωματική χορτοτυρόπιτα
με σπιτικό φύλλο 14

Χταποδοσαλάτα με πολύχρωμες πιπεριές
και πολλά αρωματικά 16

Καλαμαράκια γεμιστά 18

Πολύχρωμη σαλάτα με πατάτες
και κολοκυθάκια 20

Ντομάτες με αυγά στο τηγάνι 22

Τραγανό φύλλο κανταΐφι
με ποικιλία ελληνικών τυριών 24

Γεμιστά παντζάρια με γιαούρτι
και τριμμένο καρύδι 26

Γαρίδες σαγανάκι με φρέσκια ντομάτα,
φέτα και ούζο 28

Το πατεδάκι της Ρένας
με ελληνικό καπνιστό σολομό 30

Λαχανόκηπος στο φούρνο 32

Ντολμαδάκια με φρέσκα κληματόφυλλα! 34

Φασολάκια χάντρες στην κατσαρόλα
με πατάτες 36

Σοφρίτο, η αυθεντική συνταγή
από την Κέρκυρα! 38

Κοτόπουλο με μπάμιες στην κατσαρόλα 40

Μελιτζάνες ιμάμ μπαϊλντί 42

Φασολάδα με πολύ σέλινο και γλυκιά
πιπεριά Φλωρίνης! 44

Γεμιστά κολοκυθάκια με κιμά αυγολέμονο 46

Η παραδοσιακή παστιτσάδα...
με άρωμα κανέλας 48

Ρολάκια κιμά γεμιστά με ομελέτα
και γραβιέρα 50

Μπουκίτσες μοσχαράκι στην κατσαρόλα
με φέτα και ελιές Καλαμών 52

Αγκινάρες με αρακά και πατάτες
με μπόλικο λεμόνι 54

Κοκκινιστό κοτόπουλο με χυλοπίτες 56

Το διάσημο κατσικάκι στο φούρνο
με λεμόνι και ρίγανη 58

Γιουβετσάκι στην κατσαρόλα 60

Λουκουμαδάκια μπακαλιάρου
με σκορδαλιά 62

Φρέσκια πέρκα μπιάνκο στην κατσαρόλα, λεμονάτη με πατάτες 64

Τα γιουβαρλάκια της γιαγιάς 66

Χοιρινό πρασοσέλινο ....χωρίς συστάσεις 68

Μελιτζάνες παπουτσάκια
με μπεσαμέλ φέτας 70

Σουπιές στην κατσαρόλα με αρωματικά
και κριθαράκι 72

Τραγανά, τηγανητά κεφτεδάκια 74

Κουνουπίδι γιαχνί στην κατσαρόλα 76

Αρωματικοί γίγαντες στον φούρνο
με χορταρικά 78

Ο κλασσικός μουσακάς, αρωματικός
και ανάλαφρος 80

Μπουκίτσες κοτόπουλου με άνηθο
και κολοκυθάκια 82

Χοιρινό με φασόλια χάντρες
στην κατσαρόλα 84

Γαριδοσαλάτα με ρύζι, πολύχρωμη
και αρωματική! 86

Μπουγιαμπέσα ψαρόσουπα 88

Λουκουμαδάκια με γιαούρτι 90

Σάμαλι σιροπιαστό 92

Σπιτική μαρμελάδα με 3 ροδάκινα 94

Βυσσινάδα για κέρασμα! 96

Η σεφ Ειρήνη Τόγια 98

Πρόλογος

Πέρασαν 35 ολόκληρα χρόνια και ούτε που το καταλάβαμε!

Μαζί ταξιδέψαμε από τη Μύκονο στην Αθήνα και όπου αλλού μάς πήγαν οι γευστικές αναμνήσεις μας!

Μαζί θυμηθήκαμε τις γεύσεις από τα παιδικά μας χρόνια και μαζί ανακαλύψαμε και αγαπήσαμε νέες γεύσεις μέσα από απλές και παραδοσιακές συνταγές.

Ήθελα από καιρό να μοιραστώ μαζί σας μερικές από τις καλύτερες συνταγές όλων αυτών των χρόνων. Να, λοιπόν, που ήρθε η ώρα να το κάνω και αυτό!

Και επί τη ευκαιρία θέλω να σας ευχαριστήσω για τις στιγμές που ζήσαμε μαζί, όλα αυτά τα χρόνια.

Η έμπνευση και οι δημιουργίες δεν σταματούν εδώ. Έπεται και συνέχεια!

Τα γεμιστά των παιδικών μου χρόνων!

Τι να πούμε για τα λαδερά γεμιστά! Είναι μια συνταγή που κάναμε σε όλα τα σπίτια, κυρίως το καλοκαίρι που τα υλικά είναι της εποχής. Τα απολαμβάνουμε με ένα κομμάτι φέτα και λίγο ψωμί

Σερβίρει ● ● ● ● ● 　　　　　　　　　　　　　　　　　　　　　80′

Εκτέλεση

Ανάβω το φούρνο στους 200 βαθμούς.

Βγάζω το καπάκι από τις ντομάτες, τις αδειάζω με ένα κουταλάκι, βάζω λίγη ζάχαρη στο εσωτερικό τους και τις γυρίζω ανάποδα. Βγάζω το καπάκι από τις πιπεριές και τις χαρακώνω σε 2-3 μέρη. Αδειάζω τις μελιτζάνες και τις χαρακώνω. Το ίδιο κάνω και στα κολοκύθια.

Σε μια κατσαρόλα βάζω τα κρεμμύδια, μισό από το λάδι, τη σάρκα από τα κολοκύθια και τη μελιτζάνα κομμένη σε κυβάκια, το μαϊντανό, το δυόσμο, μισό από το χυμό της ντομάτας, αλάτι και πιπέρι. Τα τσιγαρίζω για 2-3 λεπτά, προσθέτω λίγο νερό και μόλις πάρει βράση, ρίχνω το ρύζι και ανακατεύω για να μην κολλήσει. Σβήνω τη φωτιά και αφήνω τη γέμιση να κρυώσει λίγο.

Μόλις κρυώσει η γέμιση αρχίζω και γεμίζω μία μία τις ντομάτες, τις πιπεριές, τις μελιτζάνες και τα κολοκύθια. Σκεπάζω τις ντομάτες και τις πιπεριές με τα καπάκια τους. Βάζω σε ένα ταψί όλα τα γεμιστά. Αλατοπιπερώνω τις πατάτες και τις βάζω ανάμεσα από τα γεμιστά.

Πάνω στα γεμιστά ρίχνω το υπόλοιπο λάδι, τη σάρκα από τις ντομάτες που άδειασα σε χοντρά κομμάτια, τον υπόλοιπο χυμό ντομάτας και το νερό. Σκεπάζω το ταψί με αλουμινόχαρτο και βάζω το φαγητό στο φούρνο για 40-45 λεπτά. Βγάζω το αλουμινόχαρτο από το ταψί και αφήνω το φαγητό στο φούρνο για 15 περίπου λεπτά να πάρει χρώμα.

Η συμβουλή της Ρένας

Το ρύζι δεν το βράζω πολύ γιατί θα βράσει και στο φούρνο.

Υλικά

4 μέτριες ντομάτες,

3 μέτριες πράσινες πιπεριές,

3 μέτριες μελιτζάνες,

3 μέτρια κολοκυθάκια,

1 κιλό πατάτες κομμένες κυδωνάτες,

500 γραμμάρια ρύζι γλασέ,

4 ξερά κρεμμύδια τριμμένα στον τρίφτη,

1 ματσάκι ψιλοκομμένο μαϊντανό,

1 ματσάκι ψιλοκομμένο δυόσμο,

1 ποτήρι του νερού χυμό ντομάτας,

1 ποτήρι του νερού ελαιόλαδο,

Αλάτι, πιπέρι, ζάχαρη,

1 ποτηράκι του κρασιού χυμό ντομάτας και

2 ποτήρια του νερού νερό

Σαλάτα με μαυρομάτικα φασόλια, μυρωδικά & ελιές

Απλή, αρωματική σαλάτα με τα μυκονιάτικα φασόλια. Εκεί τη δοκιμάσαμε πρώτη φορά! Χορταστική, θρεπτική, τρώγεται άνετα ως κυρίως πιάτο για κάποιον που προσέχει τη διατροφή του

© Βαγγέλης Πατεράκης

Σερβίρει ● ● ● ● ● ● ● 25′

Εκτέλεση

Πλένω τα φασόλια με άφθονο νερό. Σε μια κατσαρόλα βάζω μπόλικο νερό και το αφήνω να βράσει. Μόλις αρχίσει να κοχλάζει ρίχνω τα φασόλια και τα αφήνω να βράσουν καλά. Τα σουρώνω, τα ξεπλένω καλά για να φύγει η μαυρίλα τους και τα αφήνω να στραγγίσουν και να κρυώσουν.

Βάζω τα φασόλια σε μια σαλατιέρα, προσθέτω τα κρεμμύδια, τον μαϊντανό, τον άνηθο, τις πιπεριές και τις ντομάτες. Προσθέτω αλάτι και ανακατεύω όλα τα υλικά.

Σκεπάζω τη σαλάτα με μια διάφανη μεμβράνη και τη βάζω στο ψυγείο για μια με δύο ώρες για να κρυώσει.

Σε ένα σέικερ ετοιμάζω το λαδόξιδο, το χτυπάω καλά και περιχύνω τη σαλάτα. Προσθέτω λίγο αλάτι και πιπέρι, τις ελιές και σερβίρω τη σαλάτα κρύα.

Υλικά

500 γραμμάρια φασόλια μαυρομάτικα,

3 ξερά κρεμμύδια ψιλοκομμένα,

1 ματσάκι φρέσκα κρεμμυδάκια ψιλοκομμένα,

1 ματσάκι ψιλοκομμένο μαϊντανό,

1 ματσάκι ψιλοκομμένο άνηθο,

4 πολύχρωμες πιπεριές ψιλοκομμένες,

5-6 ζουμερές ντομάτες κομμένες σε κυβάκια,

λάδι, ξύδι, αλάτι

λίγο πιπέρι, ελιές Καλαμών

© Zts | Dreamstime.com

Τραγανοί ντοματοκεφτέδες με μπόλικο δυόσμο

Γνήσια παραδοσιακή συνταγή από τη Σαντορίνη. Είναι ένα γρήγορο και πεντανόστιμο μεζεδάκι για να συνοδεύσει το ούζο, τη μπύρα και το λευκό κρασί

© Βαγγέλης Πατεράκης

Σερβίρει ● ● ● ● 25'

Εκτέλεση

Σε μια λεκάνη ανακατεύω το αλεύρι και το νερό πολύ καλά (προσέχω να μην κάνει σβόλους το αλεύρι).

Προσθέτω τις ντομάτες, το κρεμμύδι και τον δυόσμο και ανακατεύω καλά.

Βάζω στο τηγάνι το λάδι και μόλις ζεσταθεί βάζω κουταλιά-κουταλιά από το μείγμα και τηγανίζω από τις δύο μεριές.

Τηγανίζω τους ντοματοκεφτέδες προσεκτικά για να μην καούν και κάθε φορά που τους γυρίζω προσέχω να μην τους τρυπήσω και πάρουν λάδι. Οι ντοματοκεφτέδες παίρνουν ένα ωραίο ξανθοκόκκινο χρώμα.

Η συμβουλή της Ρένας

1. Αν το μείγμα βγει αραιό, προσθέτω λίγο ακόμη αλεύρι.
2. Αν θέλω, μπορώ να προσθέσω στα υλικά ένα κολοκυθάκι και μια μελιτζάνα σε μικρά κυβάκια.

Υλικά

4-5 ζουμερές ντομάτες κομμένες σε κυβάκια,

2 ξερά κρεμμύδια κομμένα σε κυβάκια,

1 ματσάκι φρέσκο δυόσμο ψιλοκομμένο,

1 φλιτζάνι του τσαγιού νερό,

2 φλιτζάνια του τσαγιού αλεύρι για όλες τις χρήσεις,

αλάτι πιπέρι και λάδι για το τηγάνισμα

Αρωματική χορτοτυρόπιτα με σπιτικό φύλλο

Εκτός από χρυσό βραβείο, έχει κερδίσει και όλους μας! Κλασσική πίτα, αλμυρή όσο πρέπει και αρωματική όσο τη θέλετε. Προσθέστε τα χορταρικά της αρεσκείας σας

© Βαγγέλης Πατεράκης

Σερβίρει 1 ταψάκι   45′

Εκτέλεση

Ετοιμάζω το φύλλο. Σε μια λεκάνη ανακατεύω και ζυμώνω τα υλικά πολύ καλά μέχρι να ενωθούν σε μια ομοιογενή ζύμη. Χωρίζω το ζυμάρι σε δυο κομμάτια.

Προθερμαίνω το φούρνο στους 160 βαθμούς.

Καθαρίζω και πλένω το σπανάκι πολύ καλά. Το αφήνω να στραγγίσει. Σε μια κατσαρόλα σε χαμηλή φωτιά βάζω το λάδι μαζί με τα κρεμμύδια, τα κρεμμυδάκια, τα πράσα, τον άνηθο, αλάτι και πιπέρι και τα αφήνω για 10 λεπτά περίπου για να μαραθούν. Προσθέτω το σπανάκι καλά στραγγισμένο και αφήνω την κατσαρόλα στη φωτιά μέχρι το σπανάκι να πιει το νερό που θα βγάλει. Σβήνω τη φωτιά και αφήνω το μείγμα να κρυώσει.

Προσθέτω στο μείγμα τα αυγά, τη φέτα, τα τριμμένα τυριά και το γάλα. Ανακατεύω όλα τα υλικά πολύ καλά μέχρι να ενωθούν μεταξύ τους.

Ανοίγω το φύλλο με έναν πλάστη. Ετοιμάζω δύο φύλλα. Απλώνω λίγο λάδι σε ένα ταψί, στρώνω το ένα φύλλο και προσθέτω το μείγμα. Πάνω από το μείγμα προσθέτω το δεύτερο φύλλο και ρίχνω λίγο λάδι από επάνω. Κόβω την πίτα σε κομμάτια.

Βάζω την πίτα στον φούρνο για να ψηθεί περίπου 1 ώρα.

Υλικά

Για τη γέμιση

1,5 κιλό φρέσκο σπανάκι ψιλοκομμένο,

1 κιλό πράσα κομμένα σε ροδέλες,

2 ξερά κρεμμύδια τριμμένα,

1 ματσάκι φρέσκα κρεμμυδάκια ψιλοκομμένα,

1 ματσάκι άνηθο ψιλοκομμένο,

6 αυγά,

400 γραμμάρια φέτα χοντροκομμένη,

200 γραμμάρια κίτρινα τυριά τριμμένα,

1 ποτηράκι του κρασιού λάδι,

1 ποτηράκι του κρασιού γάλα εβαπορέ αδιάλυτο,

αλάτι και πιπέρι,

λίγο λάδι για το ταψί.

Υλικά για το φύλλο

1 πακέτο αλεύρι που φουσκώνει μόνο του (500 γραμμάρια), 1 αυγό, 1 κεσεδάκι γιαούρτι (200 γραμμάρια), 1 φλιτζάνι του τσαγιού ελαιόλαδο, λίγο αλάτι, 100 γραμμάρια πικάντικο τυρί τριμμένο.

Χταποδοσαλάτα με πολύχρωμες πιπεριές και πολλά αρωματικά

Ένα ουζάκι και μια χταποδοσαλάτα για την όρεξη. Υπάρχει τίποτα καλύτερο;

Σερβίρει ● ● ● ●

🕐 30′

Εκτέλεση

Πλένω πολύ καλά το χταπόδι με άφθονο νερό. Βάζω το χταπόδι σε μια κατσαρόλα και το αφήνω σε χαμηλή φωτιά για 3-4 περίπου λεπτά. Προσθέτω το κρασί και λίγο νερό και το αφήνω να βράσει. Μόλις βράσει, βγάζω το χταπόδι από την κατσαρόλα και το κόβω σε κομμάτια.

Σε μια μεγάλη σαλατιέρα ανακατεύω το χταπόδι, τα κρεμμύδια, τις πιπεριές, το μάραθο και το σέλερι. Βάζω λίγο αλάτι. Σκεπάζω τη σαλάτα με μια μεμβράνη και την βάζω στο ψυγείο για 2 ώρες περίπου.

Χτυπάω το λάδι και το ξύδι σε ένα σέικερ και περιχύνω τη σαλάτα.

Σερβίρω με φρεσκοτριμμένο πιπέρι και λίγες ελιές.

Υλικά

1 χταπόδι 1000-1200 γραμμάρια,

1 ποτήρι του νερού κόκκινο κρασί,

2 ξερά κρεμμύδια κομμένα σε ροδέλες,

1 πράσινη πιπεριά κομμένη σε ροδέλες,

1 κόκκινη πιπεριά Φλωρίνης κομμένη σε ροδέλες,

μισό ματσάκι μάραθο ψιλοκομμένο,

μισό ματσάκι σέλερι ψιλοκομμένο,

1,5 ποτήρι του νερού ελαιόλαδο,

μισό ποτήρι του νερού ξύδι,

αλάτι,

φρεσκοτριμμένο πιπέρι,

λίγες ελιές για το σερβίρισμα

© Alexander Raths | Dreamstime.com

Καλαμαράκια γεμιστά

Τα καλαμαράκια σε μια άλλη εκδοχή. Κρασάτα, ελαφριά και... απίθανα!

Σερβίρει • • • •

 60'

Εκτέλεση

Πλένω πολύ καλά τα καλαμαράκια με άφθονο νερό. Βγάζω τα πλοκάμια και καθαρίζω το εσωτερικό τους.

Αφαιρώ το κόκαλο, το μελάνι και τα εντόσθια και, στο τέλος, την πέτσα.

Πλένω τα πλοκάμια, αφαιρώ τα μάτια και το στόμα και τα ψιλοκόβω.

Σε μια κατσαρόλα βάζω 1 ποτήρι του κρασιού λάδι και σοτάρω τα κρεμμύδια μαζί με τα κρεμμυδάκια για 6-8 λεπτά.

Μετά ρίχνω και τα πλοκάμια και τα σβήνω με το κρασί.

Προσθέτω αλάτι, πιπέρι και 1 ποτήρι του νερού νερό.

Μόλις βράσει το νερό, ρίχνω και το ρύζι και ανακατεύω για να μην κολλήσει.

Μόλις το ρύζι είναι σχεδόν έτοιμο προσθέτω το πορτοκάλι, τις σταφίδες και το δυόσμο και αφήνω το μείγμα να πιει τα υγρά του.

Αφήνω τη γέμιση να κρυώσει, γεμίζω τα καλαμάρια ένα – ένα και τους περνάω στο πάνω μέρος τους μια οδοντογλυφίδα για να μη φύγει η γέμιση.

Τα βάζω στην κατσαρόλα μαζί με τις 2 κουταλιές της σούπας λάδι, λίγο νερό και το χυμό λεμονιού.

Αφήνω το φαγητό να βράσει σε χαμηλή φωτιά και όταν είναι έτοιμο το βάζω σε μια πιατέλα και σερβίρω.

Υλικά

1 κιλό καλαμαράκια μέτρια σε μέγεθος,

1 φλιτζάνι του τσαγιού ρύζι γλασέ,

1 ποτήρι του κρασιού λάδι,

2-3 ξερά κρεμμύδια τριμμένα στον τρίφτη,

1 ματσάκι φρέσκα κρεμμυδάκια ψιλοκομμένα,

150 γραμμάτια μαύρες σταφίδες μουλιασμένες στο νερό για δέκα λεπτά και σουρωμένες,

σάρκα 2 πορτοκαλιών κομμένη σε κυβάκια,

1 ματσάκι δυόσμο ψιλοκομμένο,

1 ποτήρι του κρασιού άσπρο κρασί,

1 ποτήρι του κρασιού χυμό λεμονιού,

2 κουταλιές της σούπας λάδι,

αλάτι, φρεσκοτριμμένο πιπέρι

Πολύχρωμη σαλάτα με πατάτες και κολοκυθάκια

Για κάποιους είναι η απόλυτη καλοκαιρινή σαλάτα. Σίγουρα όμως είναι η σαλάτα για το πασχαλινό τραπέζι, μαζί με τα αυγά που έχουμε τσουγκρίσει

© Βαγγέλης Πατεράκης

Σερβίρει ● ● ● ● ● ● 40′

Εκτέλεση

Πλένω καλά τις πατάτες και τα κολοκυθάκια και τα βάζω να βράσουν.

Τα σουρώνω και ξεφλουδίζω τις πατάτες όσο είναι ζεστές.

Τα αφήνω να κρυώσουν.

Σε μια μεγάλη σαλατιέρα βάζω τις πατάτες, τα κολοκυθάκια, τα ραπανάκια, τα ντοματίνια, τα κρεμμύδια, τα κρεμμυδάκια, τον μαϊντανό και τον άνηθο.

Σκεπάζω τη σαλάτα με μια μεμβράνη και τη βάζω στο ψυγείο να κρυώσει.

Σε ένα σέικερ χτυπάω καλά το λαδόξιδο μαζί με το αλάτι, το πιπέρι και την ρίγανη.

Προσθέτω τις ελιές και τα αυγά και περιχύνω τη σαλάτα με το λαδόξιδο.

Προσθέτω λίγο φρεσκοτριμμένο πιπέρι και σερβίρω τη σαλάτα κρύα.

Υλικά

10 μικρά στρογγυλά πατατάκια,

10 μικρά κολοκυθάκια,

2 αυγά βραστά κομμένα στα 4,

10 μικρά ραπανάκια,

10 μικρά ντοματίνια,

10-15 ελιές,

3-4 φρέσκα κρεμμυδάκια ψιλοκομμένα,

1 ματσάκι μαϊντανό ψιλοκομμένο,

1 ματσάκι άνηθο ψιλοκομμένο,

1 ποτήρι του νερού ελαιόλαδο,

μισό ποτήρι του κρασιού ξύδι,

ρίγανη, αλάτι και πιπέρι

© Cristina Annibali | Dreamstime.com

Ντομάτες με αυγά στο τηγάνι

Η αγαπημένη στραπατσάδα που φτιάχνουμε στην Κέρκυρα σε μια εναλλακτική πρόταση. Δοκιμάστε την και για πρωινό!

Σερβίρει ● ● 20′

Εκτέλεση

Βάζω σε ένα τηγάνι τα κομμάτια και τον χυμό ντομάτας.

Τα αφήνω σε χαμηλή φωτιά και όταν η σάλτσα αρχίσει να δένει, προσθέτω το λάδι και την πράσινη πιπεριά.

Ανακατεύω τη σάλτσα και βάζω μέσα τα αυγά μάτια (ολόκληρα, όχι χτυπητά όπως στην ομελέτα).

Προσθέτω αλάτι και πιπέρι και αφήνω τα αυγά να ψηθούν σε χαμηλή φωτιά.

Βγάζω το τηγάνι από την φωτιά, ρίχνω από επάνω τα κομμάτια φέτας και κουνάω προσεκτικά το τηγάνι 2-3 φορές.

Σερβίρω το φαγητό ζεστό με φρεσκοτριμμένο πιπέρι.

Υλικά

4 αυγά, 4-5 ντομάτες ξεφλουδισμένες και χοντροκομμένες,

1 ποτηράκι του κρασιού χυμό ντομάτας,

1 πράσινη πιπεριά ψιλοκομμένη,

200 γραμμάρια φέτα σε μεγάλα κομμάτια,

μισό ποτήρι του κρασιού ελαιόλαδο,

αλάτι και πιπέρι.

© Shane White | Dreamstime.com

Τραγανό φύλλο κανταΐφι με ποικιλία ελληνικών τυριών

Κανταΐφι με ελληνικά τυριά... το αλμυρό κανταΐφι! Μια διαφορετική πίτα για αυτούς που αγαπάνε το κανταΐφι σε κάθε του εκδοχή

© Βαγγέλης Πατεράκης

Σερβίρει **20 μικρά κανταϊφάκια** 30′

Εκτέλεση

Αφήνω το φύλλο έξω από το ψυγείο για να ξεπαγώσει τελείως.

Προθερμαίνω το φούρνο στους 160 βαθμούς.

Σε ένα μπολ ανακατεύω τα τριμμένα τυριά, το ένα αυγό και λίγο λιγότερο από τη μισή κρέμα γάλακτος.

Τρίβω λίγο πιπέρι και ανακατεύω καλά.

Παίρνω λίγο λίγο από το κανταΐφι, το απλώνω και βάζω πάνω του μια κουταλιά από το μείγμα των τυριών.

Το τυλίγω σφικτά σαν ρολάκι.

Βάζω όλα τα ρολάκια σε ένα ταψί, το ένα δίπλα στο άλλο.

Σε ένα άλλο μπολ ανακατεύω το άλλο αυγό με την υπόλοιπη κρέμα.

Περιχύνω τα ρολάκια με την κρέμα και τα βάζω στον φούρνο για 25 περίπου λεπτά.

Μόλις πάρουν ένα ωραίο ξανθό χρώμα είναι έτοιμα.

Τρώγονται ζεστά.

Υλικά

500 γραμμάρια φύλλο κανταΐφι,

800 γραμμάρια τριμμένα τυριά (φέτα, κασέρι και γραβιέρα),

2 αυγά,

500 γραμμάρια κρέμα γάλακτος,

φρεσκοτριμμένο πιπέρι

Γεμιστά παντζάρια με γιαούρτι και τριμμένο καρύδι

Ένας διαφορετικός τρόπος για να απολαύσουμε τα παντζάρια. Το γιαούρτι τους πάει πολύ!

Σερβίρει ● ● ● ● 40′

Εκτέλεση

Βάζω στη φωτιά μια κατσαρόλα με μπόλικο νερό και μόλις βράσει, βάζω μέσα τα παντζάρια και τα αφήνω να βράσουν.

Μόλις βράσουν, τα σουρώνω και τα αφήνω να κρυώσουν.

Μετά τα καθαρίζω, τα ανοίγω όπως ανοίγω τις ντομάτες για γέμισμα, τα αδειάζω από τη σάρκα τους, τούς βάζω λίγο ξύδι και τα γυρίζω ανάποδα.

Σε μια λεκάνη ψιλοκόβω τη σάρκα από τα παντζάρια και προσθέτω τη μισή καρυδόψιχα, το ξύδι, τον τόνο, το μισό γιαούρτι, τη μισή μαγιονέζα, το ξινόμηλο, αλάτι και πιπέρι.

Ανακατεύω όλα τα υλικά να ενωθούν μεταξύ τους και γεμίζω ένα-ένα τα παντζάρια.

Ανακατεύω την υπόλοιπη μαγιονέζα με το γιαούρτι.

Πάνω από κάθε παντζάρι βάζω ένα κουταλάκι του γλυκού μείγμα γιαουρτιού-μαγιονέζας και λίγη καρυδόψιχα.

Σκεπάζω τα παντζάρια με μια διάφανη μεμβράνη και τα βάζω στο ψυγείο για 2 ώρες.

Τρώγονται κρύα.

Είναι μια πολύ ωραία δροσερή σαλάτα!

Η συμβουλή της Ρένας

Αν θέλω προσθέτω και λίγο ψιλοκομμένο σκόρδο.

Υλικά

8 μέτρια παντζάρια (μόνο τα γουλιά),

ξύδι για τα παντζάρια,

1 κεσεδάκι γιαούρτι,

2 κεσεδάκια μαγιονέζα,

2 κεσεδάκια καρυδόψιχα χοντροκομμένη,

1 ποτήρι του κρασιού ξύδι,

1 κουτάκι τόνο σε νερό καλά σουρωμένο και χοντροκομμένο,

1 ξινόμηλο κομμένο κυβάκια,

αλάτι και πιπέρι.

Γαρίδες σαγανάκι με φρέσκια ντομάτα, φέτα και ούζο

Κλασσικό σαγανάκι με γαρίδες. Το ούζο μπαίνει στην κατσαρόλα και η φέτα συνοδεύει αυτή τη φορά τις γαρίδες σε ένα από τα καλύτερα καλοκαιρινά και μεθυστικά πιάτα

Σερβίρει ● ● ● ●   40′

Εκτέλεση

Βάζω στη φωτιά μια κατσαρόλα με μπόλικο νερό και τα φύλλα δάφνης.

Μόλις βράσει το νερό, προσθέτω τις γαρίδες και τις αφήνω να βράσουν για 5-6 λεπτά.

Τις σουρώνω και μόλις κρυώσουν, αφαιρώ το κέλυφος.

Με ένα κοφτερό μαχαίρι χαράζω μια μικρή τομή κατά μήκος της ράχης και καθαρίζω το εντεράκι.

Σε κατσαρόλα, σε μέτρια φωτιά, ρίχνω τις ντομάτες μαζί με το λάδι, αλατοπίπερο, τη ζάχαρη και το ταμπάσκο.

Προσθέτω 1 ποτήρι του κρασιού νερό, ανακατεύω και αφήνω τη σάλτσα να βράσει και να δέσει.

Λίγο πριν αποσύρω το σκεύος από τη φωτιά, περιχύνω με το ούζο, ρίχνω τις γαρίδες και τη φέτα και αφήνω να πάρουν 1-2 βράσεις.

Πασπαλίζω με μπόλικο φρεσκοτριμμένο πιπέρι και σερβίρω.

Η συμβουλή της Ρένας

Τη στιγμή που προσθέτω τις γαρίδες, η σάλτσα πρέπει να έχει δέσει καλά και να μην έχει πολλά υγρά. Αν θέλω προσθέτω και λίγο ψιλοκομμένο σκόρδο.

Υλικά

1 κιλό γαρίδες μέτριες,

3-4 φύλλα δάφνης,

4-5 ντομάτες ξεφλουδισμένες και χοντροκομμένες,

1 ποτήρι του κρασιού ελαιόλαδο,

αλάτι και φρεσκοτριμμένο πιπέρι,

λίγη ζάχαρη,

λίγο ταμπάσκο,

1 ποτήρι του κρασιού ούζο,

250-300 γραμμάρια φέτα χοντροκομμένη

Το πατεδάκι της Ρένας με ελληνικό καπνιστό σολομό

Παντρεύουμε την πέστροφα με τον σολομό και φτιάχνουμε απλά και γρήγορα ένα μοναδικό πιάτο για τα καλά μας τραπέζια

Σερβίρει ● ● ● ● ● ● ● ● ● ● 20′

Εκτέλεση

Καθαρίζω τις πέστροφες από τα κοκαλάκια τους (αν έχουν) και τις βάζω στο μπλέντερ μαζί με το σολομό, το χυμό λεμονιού και το ξύσμα λεμονιού. Χτυπάω για 2-3 λεπτά.

Βάζω το μείγμα σε ένα μεγάλο μπολ, προσθέτω το πιπέρι, τα κρεμμυδάκια και τη μαγιονέζα και ανακατεύω τα υλικά πολύ καλά.

Αδειάζω το μείγμα σε μια μακρόστενη φόρμα, σκεπάζω τη φόρμα με μια μεμβράνη και βάζω τη φόρμα στην κατάψυξη για 2 περίπου ώρες.

Βγάζω τη φόρμα από την κατάψυξη και την αφήνω εκτός ψυγείου για 10 λεπτά.

Κόβω το πατεδάκι σε φέτες και τυλίγω γύρω από κάθε κομμάτι μια φέτα σολομού.

Εναλλακτικά βάζω μια φέτα σολομού διπλωμένη πάνω από κάθε κομμάτι.

Σερβίρω με λίγο ψιλοκομμένο άνηθο.

Υλικά

3 καπνιστές πέστροφες φιλέτο,

500 γραμμάρια καπνιστό σολομό,

1 ματσάκι φρέσκα κρεμμυδάκια ψιλοκομμένα,

8-10 κόκκοι μαύρου πιπεριού,

3 φλιτζάνια του τσαγιού μαγιονέζα,

ξύσμα ενός λεμονιού,

1 ποτήρι του κρασιού χυμό λεμόνι,

φέτες σολομού και

άνηθο ψιλοκομμένο για το σερβίρισμα

Λαχανόκηπος στο φούρνο

...ή αλλιώς μπριάμ ή τουρλού. Άλλο ένα παραδοσιακό λαδερό φαγητό που είναι νόστιμο, γρήγορο και οικονομικό. Συμπληρώστε με όποια λαχανικά έχετε στο ψυγείο σας

Σερβίρει ● ● ● ● ● 20′

Εκτέλεση

Προθερμαίνω το φούρνο στους 200 βαθμούς.

Σε ένα ταψί βάζω όλα τα υλικά και τα ανακατεύω πολύ καλά.

Προσθέτω το νερό.

Σκεπάζω το ταψί με αλουμινόχαρτο και βάζω το φαγητό στο φούρνο για να ψηθεί.

Μετά από μια ώρα περίπου κοιτάω το φαγητό για να δω εάν έχει βράσει και εάν έχει πιει τα ζουμιά του.

Αν θέλει ακόμη βράσιμο το ξαναβάζω στο φούρνο και προσθέτω λίγο νερό ακόμη.

Μόλις είναι έτοιμο βγάζω το αλουμινόχαρτο και αφήνω το φαγητό στο φούρνο γύρω στα 15 λεπτά για να πάρει χρώμα και για να ξεροψηθούν οι πατάτες.

Η συμβουλή της Ρένας

Δοκιμάστε να ψήσετε το φαγητό στην κατσαρόλα!

Υλικά

1 κιλό πατάτες καθαρισμένες και κομμένες σε ροδέλες,

2 μελιτζάνες κομμένες σε ροδέλες,

2 κολοκύθια κομμένα σε ροδέλες,

2 κρεμμύδια ξερά κομμένα σε ροδέλες,

1 πιπεριά πράσινη κομμένη σε ροδέλες,

1 πιπεριά Φλωρίνης κομμένη σε ροδέλες,

2 κιλά ντομάτες ξεφλουδισμένες και χοντροκομμένες,

10 μπάμιες,

10 φασολάκια φρέσκα,

μισό ματσάκι φρέσκο δυόσμο ψιλοκομμένο,

μισό ματσάκι μαϊντανό ψιλοκομμένο,

μισό ματσάκι σέλινο ψιλοκομμένο,

1 ποτηράκι του κρασιού λάδι,

ρίγανη, αλάτι, πιπέρι,

1 κουταλιά της σούπας ζάχαρη,

2 ποτήρια του νερού νερό

Ντολμαδάκια με φρέσκα κληματόφυλλα!

Η συνταγή που έφτιαχναν οι γιαγιάδες μας. Δοκιμάστε να φτιάξετε τα ντολμαδάκια μόνες σας και η γεύση τους θα σας ανταμείψει!

Σερβίρει 50-60 ντολμαδάκια

 60'

Εκτέλεση

Βάζω νερό σε μια κατσαρόλα και μόλις βράσει, ρίχνω δέκα δέκα τα κληματόφυλλα για 1-2 δευτερόλεπτα από κάθε πλευρά.

Τα βγάζω από το νερό με μια τρυπητή κουτάλα και τα αφήνω να κρυώσουν.

Σε μια άλλη κατσαρόλα τσιγαρίζω το λάδι με τα κρεμμύδια για 5 λεπτά.

Προσθέτω όλα τα μυρωδικά, αλάτι, πιπέρι, 2 φλιτζάνια ζεστό νερό και το ρύζι.

Αφήνω το ρύζι να βράσει και να χυλώσει.

Όταν το ρύζι είναι σχεδόν έτοιμο, προσθέτω τον χυμό λεμονιού.

Το αφήνω λίγο ακόμα στην κατσαρόλα και μετά βγάζω την κατσαρόλα από τη φωτιά.

Παίρνω ένα ένα κληματόφυλλο, βάζω ένα κουταλάκι του γλυκού από τη γέμιση στο κέντρο και το τυλίγω πολύ σφικτά σε ρολάκια.

Βάζω τα ντολμαδάκια σε μια φαρδιά κατσαρόλα, κολλητά το ένα με το άλλο ώστε να μη μετακινούνται όταν μαγειρεύονται.

Βάζω μισό ποτήρι νερό πάνω από τα ντολμαδάκια και τα σκεπάζω με ένα πιάτο.

Βάζω την κατσαρόλα στη φωτιά και αφήνω τα ντολμαδάκια να βράσουν γύρω στα 8 με 10 λεπτά.

Τα αφήνω να κρυώσουν.

Σερβίρω τα ντολμαδάκια σε μια πιατέλα με λίγο γιαούρτι στο οποίο έχω ανακατέψει λίγη γλυκιά πάπρικα.

Υλικά

50-60 μικρά και τρυφερά κληματόφυλλα,

1 φλιτζάνι του τσαγιού ρύζι γλασέ,

3 ξερά κρεμμύδια τριμμένα στον τρίφτη,

8-10 φρέσκα κρεμμυδάκια ψιλοκομμένα,

1 ματσάκι άνηθο ψιλοκομμένο,

1 ματσάκι μάραθο ψιλοκομμένο,

1 ματσάκι μαϊντανό ψιλοκομμένο,

1 ποτήρι του κρασιού λάδι,

1 ποτήρι του νερού λεμόνι,

αλάτι και πιπέρι,

λίγο γιαούρτι και

πάπρικα για το σερβίρισμα

Φασολάκια χάντρες στην κατσαρόλα με πατάτες

Χωρίς πολλά πολλά... Ενα κλασσικό, καλοκαιρινό λαδερό φαγητό με πιπεριές και λιαστές ντομάτες που τού δίνουν κάτι διαφορετικό!

Σερβίρει ● ● ● ● ● ● 60'

Εκτέλεση

Καθαρίζω τα φασολάκια. Βάζω τις χάντρες σε ένα σουρωτήρι και τις πλένω με άφθονο κρύο νερό.

Σε μια κατσαρόλα ζεσταίνω το λάδι και σοτάρω τα κρεμμύδια για 5-6 λεπτά.

Προσθέτω τις χάντρες, τις πιπεριές, τις ντομάτες, τη ζάχαρη και αλατοπίπερο.

Προσθέτω νερό στην κατσαρόλα, τόσο όσο να σκεπάσει τις χάντρες και ανακατεύω.

Αφήνω το φαγητό να βράσει για 40-45 λεπτά.

Προσθέτω τις λιαστές ντομάτες και το μαϊντανό.

Αφήνω το φαγητό στη φωτιά μέχρι να βράσουν τα φασόλια και να δέσει η σάλτσα.

Υλικά

2 κιλά φασολάκια χάντρες,

1 ποτήρι του κρασιού ελαιόλαδο,

3 ξερά κρεμμύδια κομμένα σε κυβάκια,

2 πράσινες πιπεριές κομμένες σε κυβάκια,

1 πιπεριά Φλωρίνης κομμένη σε κυβάκια,

4-5 ντομάτες ξεφλουδισμένες και κομμένες σε χοντρά κομμάτια,

200 γραμμάρια λιαστές ντομάτες χοντροκομμένες,

μισό ματσάκι μαϊντανό ψιλοκομμένο,

1 κουταλάκι ζάχαρη, αλάτι και

φρεσκοτριμμένο πιπέρι

Σοφρίτο, η αυθεντική συνταγή από την Κέρκυρα!

Γεύση από την Κέρκυρα! Το σοφρίτο είναι μια από τις πιο γνωστές και αγαπημένες συνταγές του νησιού με μπόλικο σκόρδο και ξύδι

Σερβίρει ● ● ● ● ● 60′

Εκτέλεση

Βάζω το λάδι στο τηγάνι και τηγανίζω τις πατάτες.

Αλευρώνω το κρέας και το τηγανίζω προσεχτικά και από τις δύο μεριές.

Προσέχω να μη καεί.

Σε μια ρηχή κατσαρόλα στρώνω τις πατάτες, βάζω από πάνω το κρέας, το σκόρδο, το ξύδι, το λάδι, αλάτι, πιπέρι και το νερό.

Αφήνω το φαγητό να βράσει, χωρίς να το ανακατεύω, κουνώντας μόνο την κατσαρόλα.

Αν χρειασθεί προσθέτω λίγο νερό ακόμη.

Η συμβουλή της Ρένας

Βασικό συστατικό της συνταγής είναι το ξύδι. Εγώ βάζω αρκετό!

Υλικά

1 κιλό μοσχάρι (νουά) κομμένο σε φέτες,

1 κιλό πατάτες κομμένες κυδωνάτες,

μισό ποτήρι του κρασιού ξύδι,

1 ποτήρι του νερού λάδι,

8 δοντάκια ψιλοκομμένο σκόρδο,

2 ποτήρια του νερού νερό,

λίγο αλεύρι για να τηγανίσω το κρέας

© Nika111 | Dreamstime.com

Κοτόπουλο με μπάμιες στην κατσαρόλα

Οι μπάμιες είναι λίγο παρεξηγημένες, έχουν όμως ορκισμένους οπαδούς. Δώστε βάση στα μυστικά της προετοιμασίας τους!

© Βαγγέλης Πατεράκης

Σερβίρει ● ● ● ● ● ● 70′

Εκτέλεση

Καθαρίζω τις μπάμιες, τις πλένω και τις βάζω σε ένα σουρωτήρι να στραγγίσουν.

Στη συνέχεια τις βάζω σε ένα ταψί με το ξύδι και τις αφήνω στον ήλιο για περίπου μισή ώρα.

Σε μια κατσαρόλα τσιγαρίζω το κοτόπουλο με τα κρεμμύδια για 8-10 λεπτά.

Προσθέτω τις ντομάτες, τον πελτέ, το μαϊντανό, το ξύδι, αλάτι και πιπέρι.

Βάζω 2 ποτήρια του νερού νερό και αφήνω το κοτόπουλο να βράσει για 40-45 λεπτά.

Σε ένα τηγάνι τηγανίζω τις μπάμιες (προσέχω να μην μαυρίσουν).

Τις βγάζω με μια τρυπητή κουτάλα και τις προσθέτω στην κατσαρόλα που έχει βράσει το κοτόπουλο.

Τις αφήνω για περίπου 10 λεπτά και σβήνω τη φωτιά.

Η συμβουλή της Ρένας

Οι μπάμιες θέλουν προσοχή στο καθάρισμα.
Κόβω γύρω γύρω το κεφαλάκι κάθε μπάμιας και προσέχω να μην τρυπήσει και βγάλει σάλια.

Υλικά

1 μέτριο κοτόπουλο (1200-1500 γραμμάρια) κομμένο σε μικρές μερίδες,

4 ξερά κρεμμύδια κομμένα σε ροδέλες,

1,5 κιλό ντομάτες ξεφλουδισμένες και χοντροκομμένες,

μισό ποτηράκι του κρασιού ελαιόλαδο,

1 κουταλάκι του γλυκού πελτέ,

1 κουταλιά της σούπας ξύδι,

1 κιλό μικρές μπάμιες καθαρισμένες,

1 ποτηράκι του κρασιού ξύδι,

λίγο ελαιόλαδο για να τηγανίσω τις μπάμιες,

3-4 κλωναράκια ψιλοκομμένο μαϊντανό,

αλάτι, πιπέρι

Μελιτζάνες ιμάμ μπαϊλντί

Από την πολίτικη κουζίνα πέρασαν στο ελληνικό τραπέζι. Απλά δεν τις χορταίνεις!

Σερβίρει ● ● ● ● ● 60'

Εκτέλεση

Προθερμαίνω το φούρνο στους 180 βαθμούς.

Πλένω τις μελιτζάνες, τις καθαρίζω και τις χαράσσω κατά μήκος. Βάζω στη φωτιά ένα τηγάνι με λάδι και μόλις ζεσταθεί αρχίζω να τηγανίζω τις μελιτζάνες.

Τις βγάζω μία - μία και τις αφήνω πάνω σε απορροφητικό χαρτί να στραγγίσουν.

Σε χωριστό λάδι τηγανίζω για λίγο τις πατάτες.

Σε μια κατσαρόλα βάζω λίγο λάδι και μόλις ζεσταθεί ρίχνω τα κρεμμύδια, το σκόρδο, το αλάτι, το πιπέρι και τη ζάχαρη.

Τα τσιγαρίζω για λίγο μέχρι να ροδίσουν.

Κρατάω λίγες από τις ντομάτες στην άκρη και ρίχνω τις υπόλοιπες στο τηγάνι μαζί με το μαϊντανό.

Αφήνω τη σάλτσα να δέσει. Η γέμιση είναι έτοιμη.

Βάζω μία μία τις μελιτζάνες σε ένα ταψί και τις γεμίζω.

Ανάμεσα στις μελιτζάνες βάζω τις τηγανισμένες πατάτες.

Πάνω σε κάθε μελιτζάνα βάζω λίγη τριμμένη φρυγανιά και ένα μπαστουνάκι κεφαλογραβιέρα.

Πάνω στις πατάτες ρίχνω λίγο αλάτι και πιπέρι, τις υπόλοιπες ντομάτες και λίγο λάδι.

Ψήνω τις μελιτζάνες στον φούρνο για 20 λεπτά περίπου.

Υλικά

10 μελιτζάνες φλάσκες,

10 πατάτες κομμένες κυδωνάτες,

10 ξερά κρεμμύδια κομμένα σε ροδέλες,

13 ντομάτες ξεφλουδισμένες και χοντροκομμένες,

7-8 σκελίδες σκόρδο,

1 ματσάκι μαϊντανό ψιλοκομμένο,

4 κουταλιές της σούπας φρυγανιά τριμμένη,

10 μακρόστενα μπαστουνάκια κεφαλογραβιέρα,

1 φλιτζάνι του καφέ ελαιόλαδο,

ζάχαρη, αλάτι και πιπέρι,

λίγο λάδι για το τηγάνισμα

Φασολάδα με πολύ σέλινο και γλυκιά πιπεριά Φλωρίνης!

Γεύση ελληνική! Σε πολλές περιοχές της Ελλάδας συνδυάζεται με ελιές, λουκάνικο ή ρέγγα ψητή

© Βαγγέλης Πατεράκης

Σερβίρει ● ● ● ● ● ● ● ●

 30'

Εκτέλεση

Μουλιάζω τα φασόλια σε νερό για 12 περίπου ώρες.

Τα σουρώνω και τα αφήνω στην άκρη.

Σε μια κατσαρόλα βάζω νερό να βράσει.

Μόλις αρχίσει να κοχλάζει, ρίχνω τα φασόλια και τα αφήνω να μισοβράσουν.

Τα σουρώνω και τα αφήνω να στραγγίσουν.

Βάζω αρκετό νερό σε μια άλλη κατσαρόλα και μόλις αρχίσει να βράζει ρίχνω τα μισοβρασμένα φασόλια, το λάδι, τις ντομάτες, τα κρεμμύδια, το σέλινο, τα καρότα, τις πιπερίτσες, τον χυμό ντομάτας, αλάτι, πιπέρι και ζάχαρη.

Αφήνω τα φασόλια να βράσουν για αρκετή ώρα σε χαμηλή φωτιά και να χυλώσουν.

Σερβίρω τη φασολάδα ζεστή.

Υλικά

500 γραμμάρια μέτρια φασόλια,

1 ματσάκι σέλινο χοντροκομμένο,

7-8 καρότα κομμένα σε ροδέλες,

5-6 ξερά κρεμμύδια κομμένα σε ροδέλες,

7-8 ντομάτες ξεφλουδισμένες και χοντροκομμένες,

1 ποτήρι του νερού χυμό ντομάτας,

2-3 ολόκληρες καυτερές πιπερίτσες,

7-8 πράσα κομμένα σε ροδέλες,

1 ποτήρι του κρασιού ελαιόλαδο,

ζάχαρη, αλάτι και πιπέρι,

νερό

Γεμιστά κολοκυθάκια με κιμά αυγολέμονο

Γίνονται στην κατσαρόλα και είναι απολαυστικά! Δοκιμάστε τα με ή χωρίς κιμά! Αλλά μάθετε το μυστικό για να μη σας «κόβει» το αυγολέμονο

Σερβίρει ● ● ● ● ● ● ● 60′

Εκτέλεση

Πλένω πολύ καλά τα κολοκυθάκια. Κόβω τις άκρες τους, βγάζω τη σάρκα τους και τα χαράζω κάθετα σε τέσσερα σημεία.

Σε μια κατσαρόλα βάζω το λάδι με τα κρεμμύδια και τα κρεμμυδάκια και τα τσιγαρίζω για 10 περίπου λεπτά. Προσθέτω τον κιμά, τις ντομάτες και λίγο νερό. Αφήνω τον κιμά να βράσει και μόλις είναι σχεδόν έτοιμος προσθέτω το ρύζι, τον χυμό λεμονιού, τον μαϊντανό, τον άνηθο, αλάτι και πιπέρι. Ανακατεύω και αφήνω τον κιμά να βράσει για 10 ακόμα λεπτά. Αφήνω τη γέμιση να κρυώσει.

Γεμίζω ένα ένα τα κολοκυθάκια και καλύπτω την ανοικτή πλευρά τους με ένα κομματάκι από τη σάρκα των κολοκυθιών για να μη φύγει η γέμιση. Σε μια φαρδιά κατσαρόλα βάζω ένα ένα τα κολοκυθάκια. Απλώνω από επάνω τη σάρκα τους χοντροκομμένη, ρίχνω τη μια κουταλιά της σούπας λάδι και 1 ποτήρι του νερού νερό. Τοποθετώ πάνω στα κολοκύθια ένα μεγάλο πιάτο ανάποδα, σκεπάζω την κατσαρόλα και αφήνω τα κολοκυθάκια να βράσουν σε σιγανή φωτιά.

Ετοιμάζω το αυγολέμονο. Χτυπάω σφικτή μαρέγκα τα ασπράδια με το νερό, προσθέτω τους κρόκους χωρίς να σταματήσω το χτύπημα και στη συνέχεια προσθέτω το ζουμί από το φαγητό. Ρίχνω τον χυμό λεμονιού στην κατσαρόλα και μετά το αυγολέμονο

Σερβίρω το φαγητό ζεστό.

Η συμβουλή της Ρένας

Όταν ρίχνω το αυγολέμονο, η φωτιά πρέπει να είναι σβηστή αλλιώς το αυγολέμονο θα «κόψει».

Υλικά

Για τα κολοκυθάκια

10-15 κολοκυθάκια,

4-5 ξερά κρεμμύδια τριμμένα στον τρίφτη,

5-6 φρέσκα κρεμμυδάκια ψιλοκομμένα,

500 γραμμάρια φρέσκο κιμά,

2-3 ζουμερές ντομάτες ξεφλουδισμένες και χοντροκομμένες,

300 γραμμάρια ρύζι,

1 ποτήρι του κρασιού χυμό λεμονιού,

1 ματσάκι μαϊντανό ψιλοκομμένο,

1 ματσάκι άνηθο ψιλοκομμένο,

1 ποτήρι του κρασιού ελαιόλαδο,

2 κουταλιές της σούπας ελαιόλαδο,

αλάτι, πιπέρι

Για το αυγολέμονο

2 αυγά, 1 ποτήρι του κρασιού χυμό λεμονιού, 2 σταγόνες νερό, 1 ποτήρι του νερού ζουμί από το φαγητό.

Η παραδοσιακή παστιτσάδα... με άρωμα κανέλας

Στην κλασσική του έκδοση φτιάχνεται με χοντρά μακαρόνια. Σας προτείνω, όμως, να το δοκιμάσετε με οποιοδήποτε άλλο χοντρό ζυμαρικό αγαπάτε

© Βαγγέλης Πατεράκης

Σερβίρει ● ● ● ● ● ● ● 🕐 90′

Εκτέλεση

Κόβω το κρέας σε μικρές μερίδες και το τσιγαρίζω σε μια κατσαρόλα μαζί με το κρεμμύδι, προσέχοντας να μη μαυρίσει.

Προσθέτω τις ντομάτες, το χυμό ντομάτας, το σκόρδο, την πιπεριά, αλάτι, πιπέρι και τα μπαχαρικά.

Βάζω μπόλικο νερό στην κατσαρόλα (3 περίπου ποτήρια) και αφήνω το κρέας να βράσει για 70-80 λεπτά περίπου.

Μόλις το κρέας ψηθεί, προσθέτω αρκετό νερό στην κατσαρόλα.

Όταν το νερό αρχίζει να κοχλάζει, ρίχνω μέσα τα μακαρόνια και τα αφήνω να βράσουν για λιγάκι ανακατεύοντας.

Ρίχνω το ξύδι και το κρασί και σβήνω τη φωτιά.

Σερβίρω το φαγητό σε μια πιατέλα.

Πασπαλίζω λίγη τριμμένη κανέλα και μπόλικο τριμμένο τυρί.

Το φαγητό τρώγεται ζεστό.

Υλικά

1 κιλό μοσχαράκι γάλακτος (κομμάτι ελιά ή ποντίκι),

500 γραμμάρια πένες,

6-7 κρεμμύδια ψιλοκομμένα,

1 κιλό ώριμες ντομάτες,

1 ποτήρι του νερού χυμό ντομάτας,

2 δοντάκια σκόρδο,

1 πράσινη πιπεριά ολόκληρη,

1 κουταλάκι του γλυκού κόκκινο πιπέρι,

2 ξυλάκια κανέλας,

1 κουταλάκι του γλυκού γαρύφαλλο,

1 κουταλάκι του γλυκού κανέλα τριμμένη,

1 ποτήρι του κρασιού λευκό κρασί,

2 κουταλιές της σούπας ξύδι,

1 ποτήρι του νερού λάδι,

αλάτι και πιπέρι,

λίγη μυζήθρα τριμμένη για το σερβίρισμα

Ρολάκια κιμά γεμιστά με ομελέτα και γραβιέρα

Μια άλλη εκδοχή του κλασσικού ρολού κιμά στο φούρνο. Φτιάχνετε ατομικά ρολάκια γεμιστά με ομελέτα και τα σιγοψήνετε σε αρωματική σάλτσα ντομάτας

Σερβίρει ●●●●●●●●   45′

Εκτέλεση

Σε ένα μπολ ζυμώνω πολύ καλά τον κιμά, το ψωμί, τα 2 αυγά, το δυόσμο, τα κρεμμύδια και τις ντομάτες.

Προσθέτω αλάτι και πιπέρι.

Σε ένα άλλο μπολ χτυπάω τα 6 αυγά και τα βάζω σε αντικολλητικό τηγάνι με πολύ λίγο λάδι, τις πιπεριές, τη γραβιέρα, τις ντομάτες, αλάτι και πιπέρι.

Τα ανακατεύω όλα μαζί και μόλις γίνουν τα αφήνω να κρυώσουν.

Για να φτιάξω τη σάλτσα, βάζω σε χαμηλή φωτιά το λάδι, τις ντομάτες, το χυμό ντομάτας, ζάχαρη, αλάτι και πιπέρι. Σβήνω τη σάλτσα με το λευκό κρασί.

Ετοιμάζω τα ρολάκια. Παίρνω λίγο από τον κιμά, τον απλώνω στο χέρι μου και προσθέτω μια κουταλιά από την ομελέτα.

Πλάθω τον κιμά σε μακρόστενο ρολάκια και τα βάζω στην κατσαρόλα με τη σάλτσα.

Αφήνω τα ρολάκια να γίνουν σε χαμηλή φωτιά. Όταν χυλώσουν σβήνω τη φωτιά.

Σερβίρω τα ρολάκια ζεστά σκέτα ή με τηγανητές πατατούλες.

Υλικά για τη σάλτσα

1 ποτήρι του κρασιού ελαιόλαδο, 4 ντομάτες ξεφλουδισμένες και χοντροκομμένες, 1 ποτήρι του νερού χυμό ντομάτας, 1 ποτήρι του κρασιού λευκό κρασί, λίγη ζάχαρη, αλάτι και πιπέρι.

Υλικά

Υλικά για τα ρολάκια κιμά

1 κιλό κιμά από κοτόπουλο,

500 γραμμάρια ψωμί μουλιασμένο σε νερό και πολύ καλά στυμμένο,

6+2 αυγά,

1 ματσάκι δυόσμο ψιλοκομμένο,

3 ξερά κρεμμύδια τριμμένα στον τρίφτη,

2 μεγάλες ντομάτες ξεφλουδισμένες και τριμμένες στον τρίφτη,

1 πράσινη πιπεριά κομμένη σε κύβους,

1 κόκκινη πιπεριά κομμένη σε κύβους,

1 κίτρινη πιπεριά κομμένη σε κύβους,

300 γραμμάρια γραβιέρα κομμένη σε κύβους,

2 ντομάτες ξεφλουδισμένες και χοντροκομμένες,

αλάτι και πιπέρι

Μπουκίτσες μοσχαράκι στην κατσαρόλα με φέτα και ελιές Καλαμών

Μια απλή συνταγή με κάποια από τα πιο βασικά συστατικά της μεσογειακής διατροφής: κρέας, ντοματίνια, ελιές και φέτα ελληνική

Σερβίρει ●●●●●●●● 25′

Εκτέλεση

Αλευρώνω το κρέας, το τηγανίζω σε μια κατσαρόλα σε χαμηλή φωτιά με το λάδι προσέχοντας να μην καεί.

Σβήνω το κρέας με το κρασί και το ξύδι.

Βάζω στην κατσαρόλα τα κρεμμύδια, τα ντοματάκια, πάπρικα, αλάτι, πιπέρι και λίγο νερό.

Αφήνω το φαγητό να βράσει για περίπου μία ώρα.

Βάζω τις ελιές σε μια λεκάνη με νερό για μισή ώρα περίπου.

Μόλις το φαγητό είναι σχεδόν έτοιμο, προσθέτω τις ελιές και τη φέτα.

Αφήνω το φαγητό σε χαμηλή φωτιά για δέκα ακόμα λεπτά μέχρι να πιει το ζουμί του και να χυλώσει.

Σερβίρω το φαγητό ζεστό.

Υλικά

1,5 κιλό μοσχαράκι κομμένο σε μερίδες,

30 μικρά κρεμμύδια για στιφάδο,

20 ντοματάκια ολόκληρα,

15 μαύρες ελιές χωρίς κουκούτσι,

15 πράσινες ελιές χωρίς κουκούτσι,

1 ποτήρι του κρασιού ελαιόλαδο,

500 γραμμάρια φέτα κομμένη σε χοντρά κομμάτια,

μισό ποτήρι του κρασιού λευκό κρασί,

μισό ποτήρι του κρασιού ξύδι,

λίγο αλεύρι, λίγη πάπρικα καυτερή,

αλάτι και πιπέρι

Αγκινάρες με αρακά και πατάτες με μπόλικο λεμόνι

Άλλο ένα φαγητό κατσαρόλας. Απλό και καθημερινό!

Σερβίρει ● ● ● ● ● 🕐 30′

Εκτέλεση

Καθαρίζω τον αρακά. Κόβω τις καρδιές τις αγκινάρας από τα κοτσάνια τους.

Βγάζω τα φύλλα από τις καρδιές και αφαιρώ το χνούδι από το εσωτερικό τους. Κόβω τις καρδιές στη μέση και τις βάζω σε κρύο νερό με λεμόνι για να μην μαυρίσουν.

Βάζω το λάδι σε μια κατσαρόλα και τσιγαρίζω τα κρεμμύδια, τα πράσα και τα μυρωδικά.

Βάζω όλα τα υπόλοιπα υλικά στη κατσαρόλα και τα αφήνω να βράσουν για 20 λεπτά περίπου.

Υλικά

1 κιλό φρέσκο αρακά,

6-8 φρέσκες αγκινάρες,

1 ξερό κρεμμύδι τριμμένο στον τρίφτη,

5 φρέσκα κρεμμυδάκια ψιλοκομμένα,

2 πράσα ψιλοκομμένα,

λίγο άνηθο ψιλοκομμένο,

λίγο μάραθο ψιλοκομμένο,

4-5 πατάτες κομμένες κυδωνάτες,

4 ντομάτες,

1 ποτήρι του νερού χυμό ντομάτας,

1 ποτήρι του κρασιού ελαιόλαδο,

μισό ποτήρι του κρασιού χυμό λεμονιού,

μισό κουταλάκι του γλυκού ζάχαρη,

αλάτι και πιπέρι

© Franz Pfluegl | Dreamstime.com

Κοκκινιστό κοτόπουλο με χυλοπίτες

Ίσως ένα από τα πιο γνωστά ελληνικά φαγητά της Κυριακής, όταν μαζεύεται όλη η οικογένεια

Σερβίρει ● ● ● ● ● ● ● 20′

Εκτέλεση

Σε μια κατσαρόλα βάζω το λάδι, το κρεμμύδι και τα κομμάτια του κοτόπουλου.

Τα σοτάρω σε χαμηλή φωτιά γύρω στα 8 – 10 λεπτά.

Προσθέτω τις ντομάτες, το πελτέ, αλάτι, πιπέρι, ζάχαρη και τα 2 ποτήρια νερό.

Αφήνω το κοτόπουλο να βράσει.

Αν χρειαστεί προσθέτω και λίγο νερό ακόμη.

Βράζω τις χυλοπίτες σύμφωνα με τις οδηγίες που είναι γραμμένες στη συσκευασία.

Μόλις βράσουν τις σουρώνω και τις προσθέτω αμέσως μέσα στην κατσαρόλα με το κοτόπουλο.

Αφήνω να πάρουν μια βράση για 3 – 5 λεπτά και σβήνω τη φωτιά.

Σερβίρω και πασπαλίζω με τριμμένη μυζήθρα.

Υλικά

1.300 – 1.500 γραμμάρια κοτόπουλο κομμένο σε μικρές μερίδες,

2 κρεμμύδια ξερά τριμμένα,

1 ποτηράκι του κρασιού λάδι,

1 κιλό ντομάτες ξεφλουδισμένες και χοντροκομμένες,

1 κουταλιά της σούπας πελτέ,

500 γραμμάρια χυλοπίτες,

μυζήθρα τριμμένη,

αλάτι, πιπέρι, ζάχαρη

Το διάσημο κατσικάκι στο φούρνο με λεμόνι και ρίγανη

Μια γεύση ελληνική! Το μυστικό του φαγητού είναι στο ψήσιμο και στο πολύ λεμόνι! Δοκιμάστε τη συνταγή μια Κυριακή μεσημέρι

© Βαγγέλης Πατεράκης

Σερβίρει ● ● ● ● ● ●  30′

Εκτέλεση

Προθερμαίνω τον φούρνο στους 180 βαθμούς.

Πλένω πολύ καλά το κρέας, το βάζω σε ένα ταψί, το αλατοπιπερώνω και προσθέτω ρίγανη.

Με ένα μυτερό μαχαίρι κάνω μικρά ανοίγματα στο κρέας σε διάφορα σημεία και βάζω μέσα κομματάκια σκόρδο.

Καθαρίζω και κόβω τις πατάτες.

Τις αλατοπιπερώνω, προσθέτω ρίγανη και τις βάζω στο ταψί γύρω γύρω από το κρέας.

Περιχύνω το κρέας και τις πατάτες με το λάδι και το χυμό λεμονιού. Προσθέτω αρκετό νερό, σκεπάζω το ταψί με αλουμινόχαρτο και το βάζω στο φούρνο.

Αφήνω το φαγητό να σιγοψηθεί.

Όταν το φαγητό είναι σχεδόν έτοιμο, βγάζω το αλουμινόχαρτο και αφήνω το κρέας και τις πατάτες να ροδίσουν.

Σερβίρω το φαγητό ζεστό με μια ωραία χωριάτικη σαλάτα.

Υλικά

2 κιλά κατσικάκι,

2 κιλά πατάτες,

1 ποτήρι του κρασιού ελαιόλαδο,

1 ποτήρι του νερού χυμό λεμονιού,

6 σκελίδες σκόρδο,

ρίγανη, αλάτι και πιπέρι

Γιουβετσάκι στην κατσαρόλα

Τι φαγητό και αυτό για ένα μεσημέρι που θα τρώμε όλοι μαζί! Δοκιμάστε να βάλετε κομματάκια από μελιτζάνα, κολοκυθάκι και πιπεριά Φλωρίνης. Γιουβετσάκι αλλιώς... και πολύ αρωματικό

Σερβίρει ● ● ● ● ● ●    20'

Εκτέλεση

Σε μια κατσαρόλα ζεσταίνω το λάδι και ρίχνω το κρεμμύδι, το κρέας, το κολοκυθάκι, τη μελιτζάνα, την πιπεριά, αλάτι, πιπέρι και τη ζάχαρη.

Τα τσιγαρίζω για 3-4 λεπτά ανακατεύοντας συνεχώς.

Προσθέτω τις ντομάτες, τον χυμό, το ξύδι, συμπληρώνω στην κατσαρόλα τόσο ζεστό νερό όσο να σκεπάζει ίσα ίσα το φαγητό και το αφήνω να βράσει.

Αν χρειαστεί, κατά τη διάρκεια του μαγειρέματος συμπληρώνω με νερό μέχρι να βράσει το κρέας.

Προσθέτουμε 5-6 ποτήρια ζεστό νερό και, μόλις πάρει βράση, ρίχνω το κριθαράκι.

Χαμηλώνω τη φωτιά και ανακατεύω συνεχώς για να μην κολλήσει το κριθαράκι.

Σερβίρω το φαγητό ζεστό με φρεσκοτριμμένο πιπέρι και τυρί τριμμένο.

Η συμβουλή της Ρένας

Αντί για κριθαράκι, μπορούμε να βάλουμε χυλοπίτες ή ό,τι άλλο ζυμαρικό έχουμε. Το γιουβέτσι γίνεται επίσης ωραιότατο και στον φούρνο. Η άποψή μου είναι ότι στην κατσαρόλα γίνεται πιο ζουμερό.

Υλικά

1,5 κιλό μοσχαράκι (ποντίκι) κομμένο σε μικρές μερίδες,

1 ποτήρι του κρασιού ελαιόλαδο,

1 κρεμμύδι ξερό κομμένο σε κυβάκια,

1 κολοκυθάκι κομμένο σε κυβάκια,

1 μελιτζάνα κομμένη σε κυβάκια,

1 πιπεριά Φλωρίνης κομμένη σε κυβάκια,

αλάτι και φρεσκοτριμμένο πιπέρι,

λίγη ζάχαρη,

7-8 ντομάτες ξεφλουδισμένες και χοντροκομμένες,

1 ποτήρι του κρασιού χυμό ντομάτας,

λίγο ξύδι,

500 γραμμάρια κριθαράκι χοντρό,

λίγη μυζήθρα τριμμένη για το σερβίρισμα

Λουκουμαδάκια μπακαλιάρου με σκορδαλιά

Ποιος είπε ότι είναι δύσκολο να φτιάξουμε μπακαλιάρο σκορδαλιά; Φτιάξτε τον μπακαλιάρο σε λουκουμαδάκια και κανείς δεν θα μπορεί να σταματήσει να τρώει...

Σερβίρει ● ● ● ●

 60′

Εκτέλεση

Κόβω το μπακαλιάρο σε μερίδες, βγάζω την πέτσα του και τον βάζω σε μια μεγάλη λεκάνη με νερό για να ξαρμυρίσει.

Τον αφήνω στη λεκάνη για περίπου 12 ώρες και φροντίσω να αλλάξω το νερό τέσσερις με πέντε φορές.

Τον στραγγίζω καλά από το νερό και βγάζω τα κόκαλα.

Σε μια χωριστή λεκάνη ανακατεύω τη μπύρα με το αλεύρι και προσθέτω τη γλυκιά πάπρικα και λίγο πιπέρι.

Ανακατεύω καλά τα υλικά για να γίνουν ένας χυλός.

Σε ένα τηγάνι βάζω το λάδι και μόλις ζεσταθεί βουτάω ένα ένα τα κομμάτια του μπακαλιάρου στον χυλό και τα τηγανίζω.

Χωριστά ετοιμάζω τη σκορδαλιά.

Καθαρίζω το σκόρδο και το χτυπάω καλά σε ένα γουδί μέχρι να λιώσει.

Βάζω το σκόρδο σε μια λεκάνη και προσθέτω μία μία τις πατάτες, λιώνοντας τες και προσθέτοντας εναλλάξ λάδι, ξύδι, χυμό λεμονιού, αλάτι και πιπέρι.

Η σκορδαλιά πρέπει να γίνει σαν αλοιφή.

Σερβίρω τον μπακαλιάρο ζεστό με μια κουταλιά σκορδαλιά.

Υλικά

1000-1200 γραμμάρια μπακαλιάρο παστό,

λάδι για το τηγάνισμα,

1 ποτήρι του νερού μπύρα,

1 ποτήρι του νερού και 2 κουταλιές της σούπας αλεύρι που φουσκώνει μόνο του,

λίγη πάπρικα,

1 σκόρδο,

1,5 κιλό πατάτες βρασμένες και καθαρισμένες,

2,5 φλιτζάνια του τσαγιού λάδι,

μισό φλιτζάνι του τσαγιού ξύδι,

μισό φλιτζάνι του τσαγιού χυμό λεμονιού,

αλάτι και πιπέρι

Φρέσκια πέρκα μπιάνκο στην κατσαρόλα, λεμονάτη με πατάτες

Η πέρκα σιγοψήνεται στην κατσαρόλα με πολύ λεμόνι και σκόρδο και γίνεται λουκούμι!

Σερβίρει ● ● ● ● ●   40′

Εκτέλεση

Αλατοπιπερώνω τις πατάτες και τις στρώνω σε μια φαρδιά κατσαρόλα.

Απλώνω από επάνω την πέρκα, το σκόρδο, αλάτι, πιπέρι και 2 ποτήρια του νερού νερό.

Βάζω το φαγητό στη φωτιά και το αφήνω να βράσει και να χυλώσει.

Χτυπάω το λεμόνι και το λάδι σε ένα σέικερ και περιχύνω το φαγητό.

Το αφήνω να πάρει 3-4 βράσεις και σβήνω τη φωτιά.

Η συμβουλή της Ρένας

Όταν βάλω το λαδολέμονο στην κατσαρόλα το φαγητό πρέπει να έχει βράσει και να μην έχει ζουμιά.
Αν θέλω να μην είναι πολύ λεμονάτο το φαγητό, βάζω λιγότερο λεμόνι.
Το πιπέρι πρέπει να είναι άσπρο.

Υλικά

1200-1300 γραμμάρια πέρκα κομμένη σε μερίδες,

1 κιλό πατάτες κομμένες σε ροδέλες,

6-7 δοντάκια σκόρδο ψιλοκομμένο,

1 ποτηράκι του κρασιού λάδι,

1 ποτήρι του νερού χυμό λεμονιού,

αλάτι και άσπρο πιπέρι

© Alexander Potapov | Dreamstime.com

Τα γιουβαρλάκια της γιαγιάς

Είναι όντως η συνταγή της γιαγιάς, δοκιμάστε την και θα με θυμηθείτε. Το μυστικό είναι να μη σας τριφτούν τα γιουβαρλάκια και να χυλώσουν στην κατσαρόλα

© Βαγγέλης Πατεράκης

Σερβίρει ● ● ● ● ● 40′

Εκτέλεση

Σε ένα μπολ ζυμώνω τον κιμά μαζί με τα κρεμμύδια, το ρύζι, το λάδι, το μαϊντανό, τα αυγά, τις τριμμένες ντομάτες, αλάτι και λίγο πιπέρι.

Πλάθω τον κιμά σε μικρά γιουβαρλάκια και τα αλευρώνω.

Σε μια κατσαρόλα βάζω νερό και προσθέτω το ένα ποτήρι του κρασιού λάδι, λίγο αλάτι, τις χοντροκομμένες ντομάτες και το χυμό λεμονιού.

Αν θέλω προσθέτω και μια πατάτα κομμένη σε μικρά κομματάκια.

Μόλις βράσει το νερό, ρίχνω στην κατσαρόλα ένα ένα τα γιουβαρλάκια και τα αφήνω να βράσουν και να χυλώσουν.

Μέχρι να γίνουν τα γιουβαρλάκια, κουνάω 2-3 φορές την κατσαρόλα για να μην αρπάξουν τα γιουβαρλάκια.

Προσέχω να μην ανακατέψω τα γιουβαρλάκια με κουτάλι όσο είναι στη φωτιά για να μην τριφτούν.

Σερβίρω το φαγητό ζεστό με ένα ποτήρι δροσερό λευκό κρασί.

Υλικά

1 κιλό μοσχαρίσιο κιμά,

1 φλιτζάνι του τσαγιού ρύζι γλασέ,

4 κρεμμύδια ξερά τριμμένα στον τρίφτη,

1 φλιτζάνι του καφέ ελαιόλαδο,

1 ματσάκι μαϊντανό ψιλοκομμένο,

2 αυγά,

3 ζουμερές ντομάτες ξεφλουδισμένες και τριμμένες στον τρίφτη,

1 ποτήρι του κρασιού ελαιόλαδο,

1 ποτήρι του κρασιού χυμό λεμονιού,

2 ζουμερές ντομάτες ξεφλουδισμένες και χοντροκομμένες,

λίγο αλεύρι,

αλάτι και πιπέρι

Χοιρινό πρασοσέλινο... χωρίς συστάσεις

Ένα εξαιρετικό φαγητό για το χειμώνα. Και για τα «καλά» μας τραπέζια

Σερβίρει ● ● ● ● ●  50′

Εκτέλεση

Σε μια κατσαρόλα βάζω νερό και βράζω το κρέας για 30 λεπτά περίπου. Σουρώνω το κρέας και το αφήνω στην άκρη.

Χωριστά βράζω το γάλα, ρίχνω τα πράσα και τα αφήνω να βράσουν για περίπου δέκα λεπτά.

Σουρώνω τα πράσα πολύ καλά.

Σοτάρω το κρέας με το λάδι και τα κρεμμυδάκια σε μια κατσαρόλα για δέκα λεπτά περίπου.

Σβήνω το φαγητό με το χυμό λεμονιού και προσθέτω αλάτι και πιπέρι. Βάζω στην κατσαρόλα τα πράσα, το σέλινο, τον άνηθο, τις ντομάτες και λίγο νερό.

Αφήνω το φαγητό να βράσει και να πιει το ζουμί του.

Όταν βράσει καλά το κρέας και χυλώσει το αυγοκόβω.

Χτυπάω σφικτή μαρέγκα τα ασπράδια με το νερό, προσθέτω τους κρόκους χωρίς να σταματήσω το χτύπημα και στη συνέχεια προσθέτω το ζουμί από το φαγητό.

Ρίχνω το χυμό λεμονιού στην κατσαρόλα και μετά το αυγολέμονο.

Κουνάω την κατσαρόλα για να πάει παντού το αυγολέμονο. Σερβίρω το φαγητό ζεστό.

Η συμβουλή της Ρένας

Όταν ρίχνω το αυγολέμονο, η φωτιά πρέπει να είναι σβηστή αλλιώς το αυγολέμονο θα «κόψει».

Υλικά

1 κιλό χοιρινό κομμένο σε μερίδες,

1 κιλό πράσα κομμένα σε λωρίδες,

1 ματσάκι φρέσκα κρεμμυδάκια ψιλοκομμένα,

1 ματσάκι σέλινο ψιλοκομμένο,

1 ματσάκι άνηθο ψιλοκομμένο,

1 ποτήρι του κρασιού ελαιόλαδο,

1 ποτήρι του νερού χυμό λεμονιού,

500 γραμμάρια γάλα,

2-3 ολόκληρες ντομάτες ξεφλουδισμένες,

2 αυγά, αλάτι και πιπέρι

Υλικά για το αυγολέμονο

2 αυγά, 1 ποτήρι του κρασιού χυμό λεμονιού, 2 σταγόνες νερό, 1 ποτήρι του νερού ζουμί από το φαγητό.

Μελιτζάνες παπουτσάκια με μπεσαμέλ φέτας

Οι μελιτζάνες είναι αγαπημένο λαχανικό του καλοκαιριού και συνδυάζεται πολύ ωραία με φέτα

© Βαγγέλης Πατεράκης

Σερβίρει ● ● ● ● ● ● ● 20′

Εκτέλεση

Ανάβω τον φούρνο στους 160 βαθμούς.

Σε μια κατσαρόλα βάζω το λάδι, το κρεμμύδι και το κοτόπουλο και το σοτάρω σε χαμηλή φωτιά για 10 λεπτά.

Προσθέτω το δυόσμο, αλάτι, πιπέρι, ζάχαρη και τον χυμό ντομάτας.

Αφήνω το κοτόπουλο να βράσει και να πιει το ζουμί του.

Χαράζω τις μελιτζάνες σε 2 – 3 μέρη, τις τηγανίζω και τις αφήνω να κρυώσουν.

Σε μια κατσαρόλα βάζω το γάλα να ζεσταθεί και προσθέτω το σιμιγδάλι ανακατεύοντας συνέχεια σε χαμηλή φωτιά.

Μόλις πήξει η κρέμα τραβάω την κατσαρόλα από την φωτιά και την αφήνω να κρυώσει.

Προσθέτω τα αυγά ένα – ένα, το αλάτι, πιπέρι, μοσχοκάρυδο και στο τέλος την φέτα και ανακατεύω όλα τα υλικά.

Παίρνω μία – μία τις μελιτζάνες και τις γεμίζω με το μείγμα και τις βάζω σε ένα ταψί τη μια δίπλα στην άλλη χωρίς να αφήνω κενά.

Βάζω πάνω στην κάθε μελιτζάνα από μια κουταλιά μπεσαμέλ και πασπαλίζω με λίγο τριμμένη φρυγανιά.

Ρίχνω στο ταψί ένα ποτηράκι του κρασιού νερό, τις ντομάτες τις οποίες έχω αλατοπιπερώσει και σκεπάζω το ταψί με αλουμινόχαρτο.

Ψήνω για 20 – 25 λεπτά και βγάζω το αλουμινόχαρτο και βάζω το ταψί ξανά για άλλα 5 λεπτά στο φούρνο για να πάρει χρώμα.

Υλικά

10 μελιτζάνες,

500 γραμμάρια κοτόπουλο κομμένο σε κυβάκια,

2 κρεμμύδια ξερά,

4-5 ντομάτες χοντροκομμένες,

1 ματσάκι δυόσμο ψιλοκομμένο,

1 ποτηράκι κρασιού λάδι,

1 ποτηράκι του κρασιού χυμό ντομάτας,

300 γραμμάρια φέτα χοντροκομμένη,

3 κουταλιές της σούπας φρυγανιά τριμμένη,

αλάτι, πιπέρι, ζάχαρη,

2 ποτήρια του νερού γάλα,

3 κουταλιές της σούπας σιμιγδάλι ψιλό,

2 αυγά,

μοσχοκάρυδο,

λίγη τριμμένη φρυγανιά

Σουπιές στην κατσαρόλα με αρωματικά και κριθαράκι

Απολαύστε ένα υπέροχο πιάτο στην κατσαρόλα. Ένας εναλλακτικός τρόπος για να δοκιμάσουμε τις σουπιές μαζί με το ούζο, τη μπύρα ή το κρασί μας

Σερβίρει ● ● ● ● ● ●   40′

Εκτέλεση

Καθαρίζω τις σουπιές, τις πλένω με άφθονο νερό και τις στραγγίζω πολύ καλά.

Τσιγαρίζω το ελαιόλαδο με τα κρεμμύδια (ξερά και φρέσκα) και τα πράσα σε μια κατσαρόλα για 2-3 λεπτά.

Προσθέτω τις σουπιές κομμένες σε ροδέλες (ή ολόκληρες εάν είναι μικρές) και τις σβήνω με το κρασί.

Προσθέτω τις ντομάτες, το θυμάρι, αλάτι, πιπέρι και ζάχαρη.

Ανακατεύω και αφήνω να ψηθούν οι σουπιές και να δέσει η σάλτσα.

Βράζω χωριστά το κριθαράκι.

Το σουρώνω και ανακατεύω με 2 κουταλιές της σούπας λάδι.

Προσθέτω το κριθαράκι στην κατσαρόλα με τη σάλτσα και τις σουπιές και κουνάω την κατσαρόλα για να ενωθούν όλα τα υλικά.

Σερβίρω το φαγητό με φρεσκοτριμμένο πιπέρι και ψιλοκομμένο μάραθο.

Υλικά

1300-1500 γραμμάρια σουπιές,

2 ξερά κρεμμύδια κομμένα σε ροδέλες,

10-12 φρέσκα κρεμμυδάκια ψιλοκομμένα,

3-4 πράσα ψιλοκομμένα,

3-4 ντομάτες χοντροκομμένες,

μισό ματσάκι μάραθο ψιλοκομμένο,

1 ποτηράκι του κρασιού ελαιόλαδο,

1 ποτηράκι του κρασιού λευκό κρασί,

1 πακέτο κριθαράκι,

λίγο θυμάρι,

αλάτι, πιπέρι, ζάχαρη

Τραγανά, τηγανητά κεφτεδάκια

Ποιος δεν θα φάει ένα ζεστό κεφτεδάκι μόλις βγει από το τηγάνι; Είναι ένα φαγητό που αγαπάμε από μικρά παιδιά!

© Βαγγέλης Πατεράκης

Σερβίρει ● ● ● ● 🕐 40′

Εκτέλεση

Σε μια λεκάνη βάζω όλα τα υλικά και τα ζυμώνω πολύ καλά.

Κάνω μικρά κεφτεδάκια και τα αλευρώνω.

Βάζω λάδι σε ένα τηγάνι και μόλις ζεσταθεί βάζω τα κεφτεδάκια και τα τηγανίζω.

Συνοδεύω τα κεφτεδάκια με πατάτες τηγανητές.

Υλικά

500 γραμμάρια μοσχαρίσιο κιμά,

250 γραμμάρια ξερό ψωμί μουλιασμένο σε νερό και πολύ καλά στραγγισμένο,

1 αυγό,

2 ξερά κρεμμύδια ξερά τριμμένα στον τρίφτη,

μισό ματσάκι ψιλοκομμένο μαϊντανό,

μισό ματσάκι ψιλοκομμένο δυόσμο,

1 ντομάτα τριμμένη,

1 φλιτζάνι του καφέ λάδι,

αλάτι, πιπέρι και ρίγανη,

λάδι για το τηγάνισμα και λίγο αλεύρι για να αλευρώσω τα κεφτεδάκια

Κουνουπίδι γιαχνί στην κατσαρόλα

Να, λοιπόν, που το κουνουπίδι δεν τρώγεται μόνο βραστό!!! Το κουνουπίδι γίνεται πολύ νόστιμο στην κατσαρόλα με μπόλικη κανέλα

Σερβίρει ● ● ● ● ● 40′

Εκτέλεση

Κόβω το άσπρο μέρος από το κουνουπίδι, το πλένω καλά και το αφήνω να στραγγίσει.

Βάζω στη φωτιά ένα τηγάνι με λίγο λάδι και μόλις το λάδι ζεσταθεί, τηγανίζω για λίγο το κουνουπίδι.

Το βάζω σε μια φαρδιά κατσαρόλα.

Σε μια άλλη κατσαρόλα βάζω σε χαμηλή φωτιά 1 ποτήρι του κρασιού λάδι, τα κρεμμύδια, αλάτι, πιπέρι, ζάχαρη, την κανέλα και τις ντομάτες και αφήνω τη σάλτσα να βράσει.

Μόλις η σάλτσα είναι σχεδόν έτοιμη, τη ρίχνω στην κατσαρόλα με το κουνουπίδι. Αφήνω το φαγητό να βράσει μέχρι να δέσει η σάλτσα.

Το φαγητό τρώγεται χλιαρό και κρύο.

Υλικά

1 κιλό κουνουπίδι (μόνο το άσπρο μέρος),

ελαιόλαδο για το τηγάνισμα,

4 ξερά κρεμμύδια τριμμένα στον τρίφτη,

10 ντομάτες ξεφλουδισμένες και χοντροκομμένες,

1 ποτήρι του κρασιού ελαιόλαδο,

λίγη ζάχαρη, λίγη κανέλα, αλάτι και πιπέρι

© Dmitry Kosterev | Dreamstime.com

Αρωματικοί γίγαντες στον φούρνο με χορταρικά

Ίσως οι ωραιότεροι γίγαντες που έχετε δοκιμάσει ποτέ! Αρωματικοί και ελαφριοί, τρώγονται όλες τις εποχές

Σερβίρει ● ● ● ●   40′

Εκτέλεση

Βάζω τους γίγαντες σε μια λεκάνη με πολύ νερό για να μουλιάσουν (10 έως 12 ώρες περίπου).

Στη συνέχεια τους βράζω για 15-20 λεπτά. Τους σουρώνω και τους αφήνω στην άκρη.

Σε μια κατσαρόλα τσιγαρίζω το λάδι με τα κρεμμύδια και τα πράσα για 10 περίπου λεπτά.

Προσθέτω αλάτι, πιπέρι και λίγη ζάχαρη.

Στη συνέχεια προσθέτω τις ντομάτες, τα καρότα, τις πατάτες μαζί με λίγο νερό.

Ανακατεύω και αφήνω το φαγητό στη φωτιά για 15 περίπου λεπτά.

Αδειάζω τους γίγαντες σε ένα ταψί.

Προσθέτω το σπανάκι, το μαϊντανό, τον άνηθο και βάζω το φαγητό στο φούρνο για να πιει τα ζουμιά του και να χυλώσει.

Σερβίρω το φαγητό ζεστό προς χλιαρό.

Αν θέλω, μπορώ να προσθέσω λίγο τριμμένο τυρί.

Υλικά

500 γραμμάρια φασόλια γίγαντες,

1 ποτήρι του κρασιού ελαιόλαδο,

6-8 ξερά κρεμμύδια κομμένα σε ροδέλες,

200 γραμμάρια φρέσκα κρεμμυδάκια ψιλοκομμένα,

200 γραμμάρια πράσα κομμένα σε ροδέλες,

1 κιλό ντομάτες ξεφλουδισμένες και χοντροκομμένες,

200 γραμμάρια καρότα κομμένα σε ροδέλες,

2-3 πατάτες κομμένες σε κυβάκια,

200 γραμμάρια σπανάκι χοντροκομμένο,

1 ματσάκι μαϊντανό ψιλοκομμένο,

1 ματσάκι άνηθο ψιλοκομμένο,

αλάτι και πιπέρι

Ο κλασσικός μουσακάς, αρωματικός και ανάλαφρος

Ο μουσακάς είναι ένα κλασσικό καλοκαιρινό φαγητό, πολύ γευστικό και χορταστικό

Σερβίρει ● ● ● ● ● ● ● ● ● 40′

Εκτέλεση

Τηγανίζω τις μελιτζάνες, τα κολοκύθια και τις πατάτες.

Σε μια κατσαρόλα βάζω τα κρεμμύδια με το λάδι και τα σοτάρω για 8-10 λεπτά και προσθέτω τον κιμά, τις ντομάτες, αλάτι, πιπέρι, κανέλα και το γαρύφαλλο.

Ανακατεύω και προσθέτω λίγο – λίγο το νερό και αφήνω να βράσει μέχρι να πιει όλα τα ζουμιά του.

Ανακατεύω για να μην κάνει σβόλους ο κιμάς.

Σε μια κατσαρόλα βάζω το γάλα να ζεσταθεί και προσθέτω το σιμιγδάλι ανακατεύοντας συνέχεια σε χαμηλή φωτιά.

Μόλις πήξει η κρέμα τραβάω την κατσαρόλα από την φωτιά και την αφήνω να κρυώσει.

Προσθέτω τα αυγά ένα – ένα και προσθέτω το αλάτι, πιπέρι, μοσχοκάρυδο και τα τριμμένα τυριά.

Ανακατεύω καλά για να αναμειχθούν όλα τα υλικά.

Στρώνω σε ένα ταψί πρώτα τις πατάτες, μετά τα κολοκύθια και τέλος τις μελιτζάνες.

Από πάνω στρώνω τον κιμά και τέλος τη μπεσαμέλ. Και πασπαλίζω με γλυκιά πάπρικα.

Βάζω το ταψί σε προθερμασμένο φούρνο στους 160 βαθμούς για 25 – 30 λεπτά.

Υλικά

4 μελιτζάνες κομμένες σε φέτες,

4 κολοκύθια κομμένα σε φέτες,

4 πατάτες κομμένες σε φέτες,

500 γραμμάρια κιμά από μοσχαράκι,

2 κρεμμύδια ξερά τριμμένα,

1 κιλό ντομάτες χοντροκομμένες,

μισό ποτηράκι του κρασιού λάδι,

αλάτι, πιπέρι, κανέλα, γαρύφαλλο, μοσχοκάρυδο,

2 ποτήρια του νερού γάλα,

3 κουταλιές της σούπας σιμιγδάλι ψιλό,

2 αυγά,

200 γραμμάρια διάφορα τριμμένα τυριά,

2 κουταλιές της σούπας πάπρικα

Μπουκίτσες κοτόπουλου με άνηθο και κολοκυθάκια

Μια εξαιρετικά ελαφριά και αρωματική συνταγή, ιδίως όταν τα κολοκύθια είναι στην εποχή τους

© Βαγγέλης Πατεράκης

Σερβίρει ● ● ● ● ● ●   40'

Εκτέλεση

Σε μια κατσαρόλα σε χαμηλή φωτιά ροδίζω πολύ καλά το κοτόπουλο με το λάδι.

Προσθέτω τα κολοκύθια, τα οποία έχω πρώτα τηγανίσει, αλάτι, πιπέρι και λίγο νερό.

Αφήνω το φαγητό να βράσει.

Μόλις είναι σχεδόν έτοιμο, προσθέτω το χυμό λεμονιού και τον άνηθο.

Αφήνω τα υλικά να βράσουν όλα μαζί και να χυλώσουν (παίρνουν ένα πολύ ωραίο ξανθό χρώμα).

Σερβίρω το φαγητό ζεστό με φρεσκοτριμμένο πιπέρι.

Υλικά

1 ολόκληρο κοτόπουλο (περίπου 1,5 κιλό) κομμένο σε μικρές μερίδες,

5 κολοκύθια κομμένα σε χοντρές λωρίδες,

1 ποτήρι του κρασιού ελαιόλαδο,

1 ποτήρι του νερού χυμό λεμονιού,

1 ματσάκι άνηθο ψιλοκομμένο,

αλάτι και πιπέρι,

φρεσκοτριμμένο πιπέρι για το σερβίρισμα

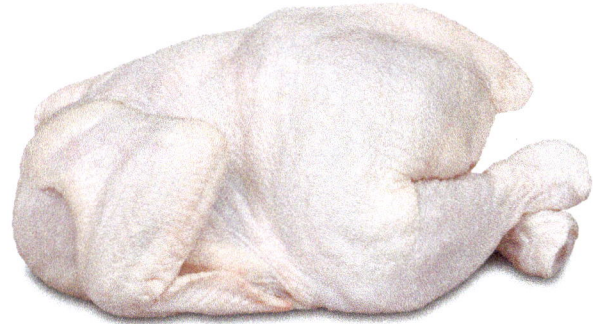

© Juri Samsonov | Dreamstime.com

Χοιρινό με φασόλια χάντρες στην κατσαρόλα

Καιρός να δοκιμάσουμε τα φασόλια και τα κολοκυθάκια με χοιρινό!

Σερβίρει ● ● ● ● ● ● ● ●   30′

Εκτέλεση

Σε μια κατσαρόλα σε χαμηλή φωτιά σοτάρω το χοιρινό με τα κρεμμύδια για δέκα περίπου λεπτά.

Μετά προσθέτω τις ντομάτες, το χυμό ντομάτας, ζάχαρη, αλάτι, πιπέρι και λίγο νερό.

Αφήνω το φαγητό να βράσει για μισή ώρα περίπου.

Προσθέτω τις χάντρες, τα φασόλια, τα κολοκυθάκια, το μαϊντανό, το δυόσμο και λίγο νερό ακόμα.

Αφήνω το φαγητό σε χαμηλή φωτιά να βράσει και να χυλώσει.

Σερβίρω το φαγητό ζεστό με φρεσκοτριμμένο πιπέρι.

Η συμβουλή της Ρένας

Όσο το φαγητό βράζει, κουνάω προσεκτικά την κατσαρόλα. Δεν ανακατεύω με κουτάλι για να μην διαλυθούν τα φασόλια και τα κολοκυθάκια.

Υλικά

1,5 κιλό χοιρινό κομμένο σε μικρές μερίδες,

500 γραμμάρια φασολάκια χάντρες καθαρισμένα,

500 γραμμάρια πράσινα φασόλια μπαρμπούνια καθαρισμένα,

500 γραμμάρια μικρά κολοκυθάκια,

1 κιλό ντομάτες ξεφλουδισμένες και χοντροκομμένες,

1 ποτήρι του νερού χυμό ντομάτας,

3 ξερά κρεμμύδια τριμμένα στον τρίφτη,

1 ματσάκι μαϊντανό ψιλοκομμένο,

1 ματσάκι δυόσμο ψιλοκομμένο,

1 ποτήρι του κρασιού ελαιόλαδο,

λίγη ζάχαρη, αλάτι και πιπέρι,

λίγο φρεσκοτριμμένο πιπέρι για το σερβίρισμα

Γαριδοσαλάτα με ρύζι, πολύχρωμη και αρωματική!

Τα αρωματικά και το λεμόνι δένουν μοναδικά σε μια γεύση που κρατάει χρόνια!

Σερβίρει ● ● ● ● ● ●  40′

Εκτέλεση

Βράζω το ρύζι σύμφωνα με τις οδηγίες της συσκευασίας.

Το σουρώνω και το αφήνω να κρυώσει.

Σε μια μεγάλη σαλατιέρα ανακατεύω το ρύζι, τις γαρίδες και όλα τα υπόλοιπα υλικά.

Χτυπάω πολύ καλά στο σέικερ το λάδι με το χυμό λεμονιού, τη μουστάρδα, αλάτι, πιπέρι και πάπρικα.

Περιχύνω τη σαλάτα με το λαδολέμονο και την ανακατεύω πολύ καλά.

Τη σκεπάζω με μια μεμβράνη και τη βάζω στο ψυγείο για να παγώσει.

Πριν σερβίρω τη σαλάτα, την ανακατεύω ξανά.

Υλικά

2 φλιτζάνια του τσαγιού ρύζι γλασέ,

800 γραμμάρια γαρίδες βρασμένες, καθαρισμένες και κομμένες σε κομμάτια,

1 ματσάκι σέλινο ψιλοκομμένο,

1 ματσάκι ρόκα ψιλοκομμένη,

6-7 ραπανάκια κομμένα σε κυβάκια,

2 ξινόμηλα καθαρισμένα και κομμένα σε κυβάκια,

1 κονσέρβα καλαμπόκι,

2 μικρά αγγουράκια κομμένα σε κυβάκια,

2-3 φρέσκα κρεμμυδάκια ψιλοκομμένα,

1 ποτήρι του νερού ελαιόλαδο, μισό ποτήρι του νερού χυμό λεμονιού,

λίγη μουστάρδα σε σκόνη,

αλάτι, φρεσκοτριμμένο πιπέρι,

λίγη πάπρικα γλυκιά

© Alexander Raths | Dreamstime.com

Μπουγιαμπέσα... ψαρόσουπα

Η συνταγή που ταξιδεύει το μυαλό μας σε ένα νησί. Απλή και καθαρή γεύση από φρέσκο ελληνικό ψάρι. Εάν θέλετε προσθέστε μια δυο γαρίδες ή καραβίδες

© Βαγγέλης Πατεράκης

Σερβίρει ● ● ● ● ● 45′

Εκτέλεση

Καθαρίζω και πλένω καλά το ψάρι.

Σε μια κατσαρόλα σε χαμηλή φωτιά βάζω το λάδι, τα καρότα, τα κρεμμύδια, το σέλινο και τα κολοκυθάκια και τα σοτάρω για δέκα περίπου λεπτά.

Βάζω νερό στην κατσαρόλα και μόλις βράσει, προσθέτω το ψάρι και τις πατάτες.

Μόλις το ψάρι είναι σχεδόν έτοιμο, προσθέτω αλάτι, πιπέρι, το χυμό λεμονιού, τις ντομάτες και το σαφράν.

Αφήνω τα υλικά να βράσουν, προσθέτω τη δάφνη και αφήνω το φαγητό στη φωτιά για δέκα περίπου λεπτά.

Σβήνω τη φωτιά και σερβίρω τη σούπα ζεστή σε βαθύ πιάτο με φρεσκοτριμμένο πιπέρι.

Σε χωριστή πιατέλα σερβίρω το ψάρι.

Αν θέλω, ξεκοκαλίζω το ψάρι, το κόβω σε κομματάκια και το προσθέτω σε κάθε πιάτο σούπας.

Υλικά

1 κιλό ψάρι (συναγρίδα, σφυρίδα, σκορπίνα ή μπακαλιάρο),

5 καρότα κομμένα σε ροδέλες,

5 ξερά κρεμμύδια ψιλοκομμένα,

5 μέτριες πατάτες ολόκληρες,

5 ντομάτες ξεφλουδισμένες και χοντροκομμένες,

1 μεγάλο μάτσο σέλινο ψιλοκομμένο,

5 μικρά κολοκυθάκια,

3 φύλλα δάφνης,

1 ποτήρι του κρασιού ελαιόλαδο,

1 ποτήρι του νερού χυμό λεμονιού,

1 πρέζα σαφράν,

10 κόκκους μαύρο πιπέρι,

αλάτι και φρεσκοτριμμένο πιπέρι για το σερβίρισμα

Λουκουμαδάκια με γιαούρτι

Οι λουκουμάδες τρώγονται από όλους όποια ώρα κι αν είναι! Πόσους μπορούμε να φάμε άραγε;

Σερβίρει **30 λουκουμαδάκια**    60′

Εκτέλεση

Σε ένα μπολ βάζω το αλεύρι, προσθέτω το γιαούρτι, το ελαιόλαδο, τα αυγά και το ξύσμα λεμονιού και πορτοκαλιού.

Ανακατεύω τα υλικά καλά μέχρι να ενωθούν μεταξύ τους.

Σκεπάζω το μπολ με μια πετσέτα και το αφήνω για 30 λεπτά.

Βάζω στη φωτιά το τηγάνι με το λάδι και μόλις κάψει, ρίχνω μέσα κουταλιά-κουταλιά το μείγμα και τηγανίζω τους λουκουμάδες μέχρι να πάρουν ένα ωραίο ξανθό χρώμα.

Πασπαλίζω μια πιατέλα με λίγη καρυδόψιχα και τριμμένη κανέλα.

Με μια τρυπητή κουτάλα βγάζω τους λουκουμάδες από το τηγάνι και τους βάζω στην πιατέλα.

Ρίχνω από πάνω την υπόλοιπη καρυδόψιχα, την κανέλα και το μέλι.

Υλικά

1 φλιτζάνι του τσαγιού γιαούρτι,

4 κουταλιές της σούπας ελαιόλαδο,

2 αυγά,

μισό φλιτζάνι του τσαγιού αλεύρι που φουσκώνει μόνο του,

ξύσμα λεμονιού και πορτοκαλιού,

ελαιόλαδο για το τηγάνισμα,

200 γραμμάρια καρυδόψιχα ψιλοκομμένη,

1 κουταλιά της σούπας κανέλα τριμμένη,

4-5 κουταλιές της σούπας μέλι

© Alexstar | Dreamstime.com

Σάμαλι σιροπιαστό

Ένα κλασσικό σιροπιαστό γλυκό. Απλό και με απίθανη γεύση!

Σερβίρει ● ● ● ● ● ● ● ●   65′

Εκτέλεση

Ανάβω τον φούρνο.

Σε ένα μεγάλο μπολ βάζω το σιμιγδάλι, τη ζάχαρη, τη σόδα, τη μαστίχα, το νερό και τον χυμό πορτοκαλιού, μέσα στον οποίο έχω λιώσει το μπέικιν πάουντερ.

Αφήνω τα υλικά έτσι μέσα στο μπολ σκεπασμένα με μια πετσέτα για περίπου δύο ώρες.

Μετά τα ανακατεύω όλα πολύ καλά για ενωθούν μεταξύ τους.

Βάζω λίγο λάδι σε ένα ταψί και το απλώνω καλά.

Βάζω μέσα στο ταψί το μείγμα, χαράζω το γλυκό σε κομμάτια και το ψήνω σε προθερμασμένο φούρνο για 45-50 λεπτά.

Ετοιμάζω το σιρόπι.

Βγάζω το γλυκό από τον φούρνο, το αφήνω να κρυώσει και μετά το σιροπιάζω με το σιρόπι ζεστό.

Η συμβουλή της Ρένας

Σερβίρω το γλυκό σκέτο ή με μια μπάλα παγωτό μαστίχα!

Υλικά

1,5 φλιτζάνι του τσαγιού σιμιγδάλι ψιλό,

1 φλιτζάνι του τσαγιού σιμιγδάλι χοντρό,

1,5 φλιτζάνι του τσαγιού ζάχαρη,

1 κουταλάκι του γλυκού μαγειρική σόδα,

1 κουταλάκι του γλυκού μαστίχα κοπανισμένη,

2 φλιτζάνια του τσαγιού χυμό πορτοκαλιού,

1 κουταλάκι του γλυκού μπέικιν πάουντερ,

1 ποτήρι νερό

Υλικά για το σιρόπι

2 ποτήρια νερό,

2 ποτήρια του νερού ζάχαρη,

3 κουταλιές της σούπας χυμό λεμονιού,

1 λεμονόκουπα

Σπιτική μαρμελάδα με 3 ροδάκινα

Το καλοκαίρι τα φρούτα έχουν απίθανη γεύση. Φτιάξτε μια υπέροχη, σπιτική συνταγή για να απολαμβάνετε τη γεύση τους όλο το χρόνο. Δοκιμάστε λίγη μαρμελάδα με το γιαούρτι σας

Σερβίρει 1 κιλό 60′

Εκτέλεση

Πλένω τα φρούτα πολύ καλά, πετάω τα κουκούτσια και κόβω τα ροδάκινα σε χοντρά κομμάτια.

Βάζω σε μια κατσαρόλα τη μισή ζάχαρη, από πάνω απλώνω τα φρούτα και από πάνω την υπόλοιπη ζάχαρη.

Βάζω την κατσαρόλα στη φωτιά και ανακατεύω μέχρι να λιώσει η ζάχαρη.

Με μια τρυπητή κουτάλα ξαφρίζω τη μαρμελάδα.

Προσθέτω την αρμπαρόριζα και αφήνω τη μαρμελάδα να βράσει και να δέσει.

Για να καταλάβω εάν έχει δέσει η μαρμελάδα μπορώ να βάλω στην κατσαρόλα ένα θερμόμετρο και να σβήσω τη μαρμελάδα μόλις φτάσει τους 105 βαθμούς.

Αλλιώς παίρνω ένα κουταλάκι σιρόπι από τη μαρμελάδα, το βάζω σε ένα πιάτο και εάν στέκεται τότε η μαρμελάδα είναι έτοιμη.

Προσθέτω τον χυμό λεμονιού, αφήνω την μαρμελάδα να πάρει 1-2 βράσεις και τραβάω την κατσαρόλα από τη φωτιά.

Αφήνω την μαρμελάδα να κρυώσει και τη βάζω σε αποστειρωμένα βαζάκια που κλείνουν αεροστεγώς.

Υλικά

1 κιλό ροδάκινα διαφορετικών ειδών (ροδάκινα, νεκταρίνια, γιαρμάδες) χωρίς τα κουκούτσια,

700 γραμμάτια ζάχαρη,

1,5 κουταλιά της σούπας χυμό λεμόνι,

2 κλωναράκια αρμπαρόριζα

Βυσσινάδα για κέρασμα!

Απλά το τέλειο ελληνικό κέρασμα!

Σερβίρει ● ● ● ● ● ● ● ● ● ●

 60'

Εκτέλεση

Πλένω πολύ καλά τα βύσσινα και τα αφήνω να στραγγίσουν σε ένα σουρωτήρι.

Με το ειδικό εργαλείο βγάζω τα κουκούτσια τους, βάζω τα βύσσινα σε μια λεκάνη και τα στύβω καλά για να βγει όλος ο χυμός τους.

Σουρώνω τα βύσσινα και βάζω το χυμό τους σε μια κατσαρόλα μαζί με τη ζάχαρη για να βράσει.

Μόλις δέσει, προσθέτω το χυμό λεμονο-πορτοκαλιού, αφήνω να πάρει 2-3 βράσεις ακόμη και σβήνω τη φωτιά.

Το σιρόπι δεν πρέπει να είναι πολύ πηχτό όπως στο γλυκό βύσσινο.

Αφήνω την βυσσινάδα να κρυώσει και την βάζω σε στεγνά, αποστειρωμένα μπουκάλια.

Τη βυσσινάδα σερβίρω σε μεγάλα ψηλά ποτήρια με παγωμένο νερό.

Βάζω σε κάθε ποτήρι δύο δάχτυλα βυσσινάδα και γεμίζω το υπόλοιπο με νερό.

Ανακατεύω τη βυσσινάδα στο ποτήρι με ένα κουτάλι και σερβίρω.

Η συμβουλή της Ρένας

Η βυσσινάδα ταιριάζει εξαιρετικά με γιαούρτι ή παγωτό.

Υλικά

1 κιλό ώριμα βύσσινα,

900 γραμμάρια ζάχαρη,

1/2 ποτηράκι του κρασιού χυμό λεμονιού και πορτοκαλιού

© Tiziano Casalta | Dreamstime.com

Ειρήνη Τόγια

«Ρένα της Φτελιάς»: 35 χρόνια ελληνική, δημιουργική κουζίνα

Η Ειρήνη Τόγια γεννήθηκε στη Κέρκυρα και ζει στην Αθήνα με την οικογένειά της. Άνοιξε το πρώτο της εστιατόριο το 1979 στη παραλία της Φτελιάς της Μυκόνου, σημείο σταθμός για τους επισκέπτες του νησιού και λάτρεις του καλού φαγητού. Ακολούθησε το 1985 η Φτελιά της Αθήνας και για πολλά χρόνια τα δύο εστιατόρια λειτούργησαν παράλληλα. Για πολλά χρόνια η «Ρένα της Φτελιάς» ξεχώρισε ανάμεσα στα 10 καλύτερα εστιατόρια της Αθήνας.

Η Ρένα εκπροσωπεί με ήθος και συνέπεια την ελληνική δημιουργική κουζίνα, δίνοντας έμφαση στη ποιότητα και αγνότητα των υλικών, στις πρώτες ύλες της μεσογειακής διατροφής (ελαιόλαδο, φρέσκα χορταρικά και μυρωδικά εποχής) και στις κλασσικές παραδοσιακές συνταγές.

Η Ρένα έχει λάβει πολλαπλές διακρίσεις σε ευρωπαϊκούς και διεθνείς διαγωνισμούς. Μεταξύ των πρόσφατων διακρίσεών της:

• Το 2008 εκπροσώπησε την ελληνική κουζίνα κατά τη διάρκεια της «Ελληνικής Εβδομάδας Γαστρονομίας» που διοργάνωσε ο ΕΟΤ στο Πεκίνο. Για την εκδήλωση μεταφέρθηκε ένα ολόκληρο ψυγείο από την Ελλάδα, προκειμένου να διασφαλιστεί η ποιότητα και η αγνότητα των υλικών!

• Το ίδιο έτος εκπροσώπησε την Ελλάδα στη «Διεθνή Έκθεση Τουρισμού» στη Σαγκάη, αποσπώντας διθυραμβικά σχόλια από τους διοργανωτές.

• Το 2004 απέσπασε το βραβείο «2ης Καλύτερης Γυναίκας Chef στον Κόσμο» στον διεθνή διαγωνισμό Gourmand Cookbook στη Βαρκελώνη.

Μέχρι σήμερα η Ρένα έχει μεταφέρει τα μυστικά της σε πολυάριθμα βιβλία που έχουν εκδοθεί σε διάφορες γλώσσες και έχουν λάβει ευρωπαϊκές και διεθνείς διακρίσεις. Το 2008, ο ΕΟΤ ανέθεσε στη Ρένα τη συγγραφή ενός βιβλίου με «Μεσογειακές Συνταγές από την Ελλάδα», το οποίο κυκλοφόρησε στα αγγλικά και στα κινέζικα!

Το 2004, «Τα Γλυκά της Ρένας» απέσπασαν το βραβείο «Καλύτερου Βιβλίου Μαγειρικής στον Κόσμο» στο διαγωνισμό μαγειρικής Gourmand Cookbook στη Βαρκελώνη. Στον ίδιο διαγωνισμό έλαβαν ειδικές διακρίσεις τα βιβλία «Ελληνική Μεσογειακή κουζίνα» (Mediterranean Recipes from Greece, Griechische Mittelmeerkuche) και «Τα γλυκά της Ρένας» (Rena's Pastries and Desserts, Rena's Susspeisen), τα οποία και μεταφράστηκαν απευθείας και εκδόθηκαν στα αγγλικά και τα γερμανικά.

Τα τελευταία χρόνια, η Ρένα συνεργάζεται με διακεκριμένους εκδότες και Έλληνες παραγωγούς για τις συνταγές και τα μυστικά της ελληνικής κουζίνας. Το 2013 έδωσε τη σκυτάλη στις δύο κόρες της για τη δημιουργία του πρώτου τους εστιατορίου. Την περίοδο που έγραφε αυτό το βιβλίο, ετοίμαζε μια εκπομπή στην τηλεόραση και συμμετείχε σε εκδηλώσεις παρουσίασης της ελληνικής κουζίνας και παράδοσης στο εξωτερικό.

www.ingramcontent.com/pod-product-compliance
Lightning Source LLC
Chambersburg PA
CBHW042036100526
44587CB00030B/4442